Beate Metzler

Hilfe bei Dyskalkulie

Lernen durch Handeln
bei Rechenschwäche

Sag es mir,
und ich werde es vergessen.

Zeige es mir,
und ich werde es erinnern.

Lass es mich tun,
und ich werde es verstehen.

Konfuzius

Beate Metzler

Hilfe bei Dyskalkulie

Lernen durch Handeln
bei Rechenschwäche

verlag modernes lernen - Dortmund

2., verb. Aufl. 2002

Herstellung: Löer Druck GmbH, Dortmund

Bestell-Nr. 1040 ISBN 3-8080-0520-3

Inhalt

Vorwort

Während meines Pädiatriepraktikums an der Landessonderschule Mils arbeitete ich hauptsächlich mit perzeptionsgestörten Kindern. Durch den Schulbetrieb konnte ich in der Ergotherapie einen guten Einblick in die schulischen Leistungen dieser Kinder werfen. Bei vielen Kindern stand in der Akte der Vermerk: „Teilleistungsstörung". Für mich war dieser Begriff gleichzusetzen mit Legasthenie, der „Lese-Rechtschreibschwäche". Der Begriff „Dyskalkulie" war mir zu diesem Zeitpunkt noch unbekannt. Durch Gespräche und Beobachtungen mit meiner Praktikumsanleiterin erkannte ich allerdings sehr bald, dass einige der teilleistungsschwachen Schüler eben auch Probleme im mathematischen Bereich hatten. Häufig waren diese Kinder sehr intelligent und hatten nur im Bereich des Rechnens ihre großen Defizite.
Diese Beobachtungen machten mich betroffen und gaben mir zu denken. Es stellte sich für mich die Frage, ob die Ergotherapie einen gezielten Ansatz für die Arbeit mit rechenschwachen Kindern bieten könnte.

Daraus entwickelte sich die Idee zu diesem Buch, das ursprünglich als Diplomarbeit an der Akademie für Ergotherapie Innsbruck entstanden ist.
Ich begann die Problematik der Dyskalkulie zu hinterfragen und versuchte Ursachen und Gründe einer Rechenschwäche zu analysieren. Aus diesen Überlegungen heraus entwickelte sich eine handlungsorientierte Spielesammlung, die dem dyskalkulischen Kind bei seiner mathematischen Entwicklung Stütze und Hilfe sein soll.

Danke an Anna, Saskia, Sonnhild und all die anderen, die mich bei der Entstehung dieses Buches unterstützt haben.

Ich freue mich, Ihre Meinung zu diesem Buch, bzw. Anregungen und Ergänzungen zu erfahren.

Meine Adresse:
Steuerberatung Metzler
c/o Beate Metzler
Stadtgraben 25
A-6060 Hall in Tirol
Fax: +43-5223-41089
e-mail: hubert.metzler@wtmetzler.at

A. Allgemeiner theoretischer Teil

1. Einleitung

„Jedes fünfte Schulkind kann nicht altersgemäß rechnen, lesen oder schreiben. Darauf wurde heute bei einer Enquête in Wien aufmerksam gemacht. Ziel der Veranstaltung: den betroffenen Eltern mehr Information und Hilfestellung zu geben. Zu schnell werde ein Kind mit Lernschwäche als dumm oder denkfaul abgestempelt, hieß es. Pauken des Schulstoffes ist nach Ansicht der Experten keine Lösung. Entscheidend sei die Früherkennung." (ORF Teletext, 28.05.1999).

Immer häufiger wird der Begriff der „Dyskalkulie", der „Rechenschwäche" in den Mund genommen. Immer mehr Eltern entdecken, dass ihr Kind nicht einfach „faul" ist, sondern Probleme in seiner Wahrnehmung, also im Aufnehmen, Verarbeiten und Beantworten einer Information hat. Warum die Ergotherapie helfen kann und wie ihr das gelingen könnte, das habe ich versucht in diesem Buch aufzuzeigen. Für mich ist immer wieder faszinierend, wie eng Körper und Geist miteinander zusammenarbeiten müssen, damit ich als Mensch genau so bin, wie ich bin, damit ich „handlungsfähig" werde.

Warum ist ein intaktes Körperschema wichtig? Was haben visuelle Wahrnehmung, Sprache und Zeit mit den Schwierigkeiten eines dyskalkulischen Kindes zu tun? Warum kann ich mit Körperspielen helfen? Bereits Jean Piaget, der berühmte Psychologe und Beobachter, stellte fest, dass Kinder erst nach dem sechsten oder siebten Lebensjahr abstrakt zu denken beginnen. Er vermutet, dass das menschliche Gehirn abstrakte Vorgänge erst dann verarbeiten kann, wenn es „konkrete" Kenntnisse über seinen Körper, die Welt und die physikalischen Kräfte besitzt (Piaget, J. 1969).
Eine spannende Auseinandersetzung mit dem Thema „Dyskalkulie" begann und das Ergebnis befindet sich nun in Ihren Händen.

Aber nun möchte ich mit dem bekannten Satz des griechischen Gelehrten Hippokrates enden bzw. eigentlich beginnen:

„Ein gesunder Geist wohnt in einem gesunden Körper"

2. Definitionen von Rechenschwäche

- *„Rechenstörung infolge Leseschwäche oder zerebraler Affektion“ (Thile, G. 1991).*
- *„Rechenschwäche kann als Teilleistungsschwäche ganz isoliert auftreten, aber auch zusammen mit einer meist schweren Legasthenie. Unbehandelt kann sich die Dyskalkulie zu einem echten schulischen Problem auswachsen.“ (Firnhaber, M. 1992).*

- Dyskalkulie enthält die Vorsilbe dys (aus dem Griechischen), das bedeutet: schwierig
- kalkulie bezieht sich auf calculus (aus dem Lateinischen), calculus = Steinchen, Spielsteinchen, Rechensteinchen, d.h.: Man tut sich schwer mit Rechensteinchen. Das rechenschwache Kind hat also Mühe, eine Rechenoperation durchzuführen. Diese beinhaltet schließlich nicht nur die konkrete Rechenhandlung mit konkretem Material, sondern es muss auch der Rechenweg im Kopf vollzogen werden: Im Kopf gilt es, die Erinnerung an eine bereits gelernte Handlung hervorzuholen und die geforderte Rechenhandlung, zunächst in der Vorstellung zu planen, bevor die Umsetzung in das Handeln erfolgen kann (Schwarz, M. 1999).
- Der Begriff Arithmasthenie (aus dem Griechischen) enthält arithm(s = Zahl, Menge und asth(nema = Schwäche bzw. asth(neia = Körperschwäche, Armut. Das rechenschwache Kind ist tatsächlich oft schwach, ja manchmal sogar krank, wenn es mit Zahlen konfrontiert wird: Es hat Kopfschmerzen, Bauchschmerzen, Übelkeit, Erbrechen, Schwindel. (Schwarz, M. 1999).
- Es handelt sich bei der Rechenschwäche nach allgemeiner Auffassung um eine Teilleistungsschwäche im mathematischen Bereich, die durch ein chronisches Versagen in Mathematik gekennzeichnet ist, während in anderen Fächern durchaus durchschnittliche bis sehr gute Leistungen gezeigt werden können. Sie äußert sich durch fehlendes mathematisches Begriffsvermögen, insbesondere mangelndes Verständnis für Zahlenoperationen (vgl. Definiton der „Initiative zur Förderung rechenschwacher Kinder“ IFRK e.V.).
- Diese Störung beinhaltet eine umschriebene Beeinträchtigung von Rechenfertigkeiten, die nicht allein durch eine allgemeine Intelli-

genzminderung oder eine eindeutig unangemessene Beschulung erklärbar ist. Das Defizit betrifft die Beherrschung grundlegender Rechenfertigkeiten wie Addition, Subtraktion, Multiplikation und Division, weniger die höheren mathematischen Fertigkeiten, die für Algebra, Trigonometrie, Geometrie und Differential- sowie Integralrechnung benötigt werden (Klassifizierung der WHO).

3. Neurologische Topographie

Neurologen und Psychiater führten schon sehr früh Untersuchungen bezüglich Rechenstörungen durch. Sie erhofften sich dadurch Aufschluss über die Funktionsweise des Gehirns. Ähnlich den motorischen und sensorischen Empfindungen, wie Druck, Temperatur, Schmerz, Sehen, Hören, wollten sie auch entsprechende, abgrenzbare Gehirnzonen für allgemeinere kognitive Fähigkeiten finden. Trat mit einer Beeinträchtigung der Rechenleistung auch eine eingrenzbare Hirnschädigung auf, galt dies als Hinweis für die Existenz eines Rechenzentrums.

Auch heute noch stellt sich die Frage, ob nicht vielleicht doch noch ein klar abgrenzbares Rechenzentrum zu finden sei. In diesem Zusammenhang zitiert Lorenz einen gewissen Geller, der bereits 1952 zu diesem Thema meinte:

> Es erscheint aussichtslos, nach einem Rechenzentrum zu fahnden oder eine isolierte Rechenstörung bei Hirnschädigungen zu erwarten. Das Rechnen ist ein Denkakt, der in seinen Voraussetzungen und sprachlich-schriftlichen Ausdrucksformen Wahrnehmungen und Vorstellungen verschiedener Kreise zusammenfasst und umfasst. Zur akustischen fügen sich optische, räumliche und motorische Vorstellung (Lorenz, J.-H./Radez, H. 1993).

Kaufmann gibt in ihren Unterlagen zur Dyskalkulie allerdings anatomische Grundlagen an. Wesentlich ist die posteriore, linke Hemisphäre, v.a. parietal und temporal-okzipital. Speziell bei bilateralen Läsionen des Parietallappens kommt es häufig zu Problemen im mathematischen Denken.

Auch Delazer beschreibt „eine höhere Inzidenz von Rechenstörungen nach linkshemisphärischen als nach rechtshemisphärischen Läsionen" (Delazer, M. 1994).

4. Neuropsychologische Voraussetzungen für mathematisches Denken*

Augustin beschreibt in ihren Unterrichtsunterlagen (Augustin 1981) für die Ergotherapie in der Pädiatrie einige wesentliche Voraussetzungen für den Umgang mit Zahlen und Mengen:

- ein normales Körperschema
- eine normale Raumwahrnehmung
- Gliederung des Handelns in einzelne Schritte und deren
- Aneinanderreihen können

Die serialen Leistungen sind Voraussetzung dafür.

Vom Kind werden für das Rechnen sehr komplexe Denkvorgänge gefordert.
Ein modifiziertes Modell (über die Entwicklung des Kindes von seiner Geburt bis zu seinem Schuleintritt) von Affolter (Affolter, F. 1975) macht ersichtlich, dass mathematisches Denken viele ausgereifte Vorprozesse benötigt. Sind sie geglückt, und hat es zwischendurch keine Beeinträchtigungen gegeben, ist die Grundlage gelegt, das Rechnen zu erlernen. Gibt es dabei aber Probleme, liegt es an den Erwachsenen, und hier speziell uns Ergotherapeuten, die Entwicklung zurückzuverfolgen und herauszufinden, in welchem Bereich der komplexen Vorgänge Ausfälle oder Beeinträchtigungen aufgetreten sind (Milz, I. 1994).
Mathematisches Denken benötigt noch andere Fähigkeiten als das Lesen und Schreiben.

Allerdings haben alle geistigen Prozessen auch Gemeinsamkeiten:

- Aufnahme
- Verarbeitung
- Speicherung von Information
- Wiedergabe der Information

Sozusagen INPUT und OUTPUT. Die Sensorische Integration bietet dafür die Grundlage.

---

* vgl. Milz, I. 1994

4.1 Mathematisches Denken und seine Vorprozesse (modifiziert nach Affolter)

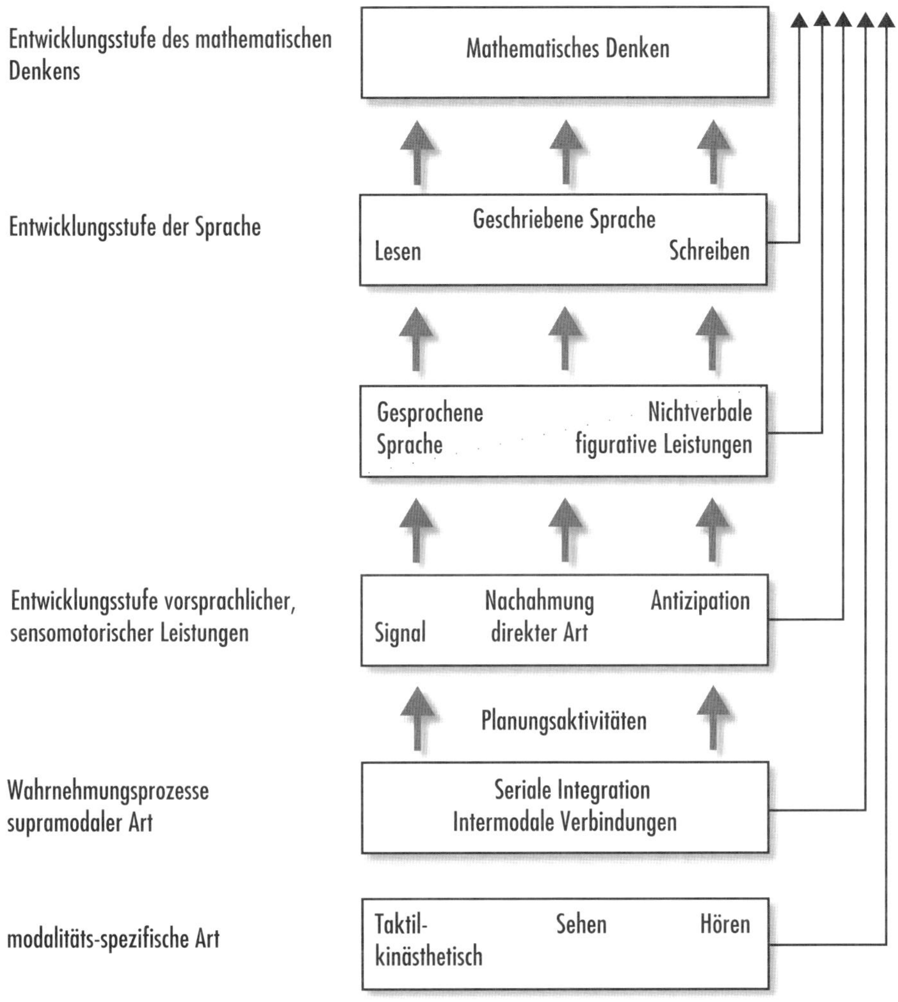

Abb. 1: nach Milz, I.: Rechenschwächen erkennen und behandeln, borgmann publishing, Dortmund ²1994

Ganz wesentlich für die Entwicklung des mathematischen Verständnisses erweist sich auch die räumliche Vorstellung. Sie ist wesentliche Voraussetzung für die Geometrie, die Grundrechnungsarten, die ja im sogenannten „Zahlenraum“ stattfinden (Zerlegen von Zahlen, Mengen; Messung von Strecken und Zeit) sowie auch für das „Gruppierungsphänomen“ (Gruppen können nur im Raum stattfinden).

Die zunehmende Verfestigung des räumlichen Vorstellungsvermögens führt schließlich zu einer Stabilisierung der räumlichen Welt. Diese Fähigkeit entwickelt sich zuletzt.

Am Anfang des Lebens sind all diese Voraussetzungen zwar genetisch angelegt, jedoch benötigt der Mensch für die Ausbildung das Lernen und Reifen.

4.2 Entwicklung der Raumvorstellung

Hierbei handelt es sich laut Milz um eine komplexe neuropsychologische Leistung. Raumerfahrung wird durch das „Umgebensein“ grundgelegt. Sozusagen bedarf es der Erfahrung von Begrenzung. Milz definiert „Grenze“ als „Ergebnis von Kontakt und Widerstand“ (Milz, I. 1994). Es handelt sich hier vorwiegend um taktile und propriozeptive Reize, die bereits das Neugeborene bei der Geburt, beim Strampeln im Gitterbett oder in den Armen seiner Mutter erfährt.
Im Anschluss an diese grundlegende Reizverarbeitung, gilt es eine Verbindung mit dem vestibulären System zu erreichen. Die Grundlage für ein funktionierendes Orientierungssystem ist gelegt.
Als nächster Schritt kommt die Aufrichtung gegen die Schwerkraft. Haltung und Balance nehmen im Leben des Kindes eine wesentliche Rolle ein. Das Kind lernt laufen. Dieser Prozess sollte bis zum 15. Lebensmonat abgeschlossen sein.

Mit jedem Schritt gelingt es dem Kind, mehr von seiner Umgebung, von seinem räumlichen Umfeld zu erforschen.

4.2.1 Der euklidische Raum

Die Wahrnehmung des Raumes ist deshalb so wichtig, weil sich das Kind im Laufe seines Lebens immer wieder mit 3 Dimensionen, den sogenannten Dimensionen des ***euklidischen Raumes*** auseinandersetzen muss. Die basale Erfahrung dieser drei Dimensionen erlebt es durch das Bewegen.
Sie bilden sich durch die Lernerfahrungen mit Gleichgewicht, Haltung, Kinästhesie und dadurch auch durch das Körperschema.

1. *Vertikale Dimension von der Richtung der Schwerkraft:* Bauch- und Rückenlage. Alles befindet sich auf einer Ebene und doch lernt das Kind mit dem Drehen bereits ein „Oben“ und „Unten“ kennen, je nachdem welche Körperseite auf der Unterlage liegt.
2. *Horizontale Dimension aus dem Konzept der (Seitigkeit) Lateralität:* Mit dem Sitzen, Aufrichten, erfährt das Kind die Senkrechte im Raum. Erst wenn es diese Senkrechte an sich selbst erfahren hat, wird es auch einen Turm bauen können.
   Das Aneinanderreihen von Klötzchen zu einer Schlange, einer Mauer, das Aufeinanderstellen zu einem Turm lernt das Kind zuerst. Dabei muss es ein Klötzchen nach dem anderen in die Hand nehmen und hinstellen = erstes Zählen ohne Zahlen, nur durch die Handlung.
3. *Vorne/Hinten Dimension durch Hinweise für die Tiefe:* Hier dringt das Kind in die Tiefe des Raumes ein. Beim Krabbeln und Laufen, in der Raumeroberung, lernt es diese kennen. Es erfährt dank seiner motorischen Aktivitäten „oben“, „unten“, „vorne“, „hinten“, „hoch“, „niedrig“, „eckig“, „neben“, „drinnen“ und „draußen“, „voll“ und „leer“ usw. In dieser Phase räumt es aus und ein, wirft weg, holt wieder, usw.

Mit der aktiven Fortbewegung beginnt die seriale Stufe der Wahrnehmungsleistung (IV. Stufe der Sensuomotorik). Das Kind beginnt Ursache und Wirkung zu begreifen, beginnt seine Handlungen dem Ziel unterzuordnen, die einzelnen Teilhandlungen in Reih und Glied zu ordnen und nacheinander durchzuführen = erstes Zählen in der Handlung (Augustin, A. 1981).

Gelingt dem Kind eine Verschmelzung des euklidischen Raumes zu einem einzigen System, so gelingt ihm auch eine dreidimensionale Lokalisierung und somit als wesentlicher Lerneffekt die Stabilität der Objekte im Raum. „Die Dreidimensionalität ist die Grundlage der Beziehungen zwischen Objekten im Raum und diese wiederum die Voraussetzung für Gruppierungen“ (Milz, I. 1994).

> Die meisten Tätigkeiten im Unterricht beziehen sich auf die Manipulation der Beziehungen zwischen Objekten im Raume. Die „Dreiheit“ liegt nicht in den Objekten selbst, sie beruht auf der Beziehung der Objekte zueinander. Dreiheit bedeutet eine räumliche Gruppierung, die von jedem sonstigen Aspekt der Objekte unabhängig ist. Eine Gruppe von Menschen wird zu „Drei“ vermöge der Tatsache, dass sie auf irgendeine entsprechende Weise im Raume gruppiert werden. Alle anderen Variablen, Alter, Geschlecht, Größe, Gewicht, Farbe, usw. sind für dieses mathematische Kon-

zept irrelevant. Es ist eben dieses Gruppierungsprinzip, das die Arithmetik für ein Kind verstehbar macht. Fehlt es, so wird die Arithmetik zu einer Sammlung mechanisch gelernter Fakten. Der Schritt von der Fähigkeit des mathematischen Rechnens zum mathematischen Verständnis ist häufig davon abhängig, wie weit das Kind die Prinzipien der räumlichen Gruppierung verstehen kann. Ohne ein stabiles räumliches System sind solche Gruppierungen schwierig aufzubauen oder aufrecht zu erhalten (Kephart, N.C. 1977).

Das folgende Modell wurde von Jean Ayres erstellt und kann helfen, sich ein deutlicheres Bild von den Entwicklungsprozessen und den daraus resultierenden Fähigkeiten und Leistungen machen.

4.3 Die Entwicklung integrativer Prozesse als Voraussetzung höherer psychischer Funktionen

Die vierte Ebene stellt die nötigen Fähigkeiten für das Schulkind dar. Um Kulturtechniken, und somit auch das Rechnen, zu erlernen, benötigt das Kind verschiedenste Voraussetzungen. In der 3. Ebene wird neben Sprachbenutzung, der motorischen Geschicklichkeit, dem Gedächtnis, der Raumwahrnehmung und der zweckvollen Aktivität auch die visuelle Wahrnehmung mit all ihren von Marianne Frostig beschriebenen Untergruppierungen als Voraussetzung angegeben. Neuropsychologische Prozesse bilden die Grundlage für die zusätzlich nötigen Voraussetzungen, wie etwa die Fähigkeit zur Serialität, das vorausschauende Planen, die Fähigkeit zur Umstellung auf neue Aufgabenformen, oder die Anwendung von bestimmten Prinzipien auf wechselnde Situationen.

All diese Fähigkeiten bauen auf Sprachverständnis, Körperwahrnehmung, Koordination der beiden Körperseiten, Bewegungsplanung, Aktivität und Aufmerksamkeit auf. Es handelt sich hierbei um die Fähigkeiten der Stufe zwei. Die wiederum auf den grundlegenden Funktionen und erfolgten Basiserfahrungen der ersten Stufe aufbauen können.

Wahrnehmungs-bereiche	1. Ebene Leistungen	2. Ebene Leistungen	3. Ebene Leistungen	4. Ebene Leistungen
Auditive Wahrnehmung		Sprachverständnis	Sprachbenutzung	Fähigkeit zur Konzentration, Organisation, zum abstrakten Denken u. Verstehen
Vestibuläre Wahrnehmung (Gleichgewicht u. Bewegung)	Augenbewegungen Haltung Balance Muskeltonus	Kinästhesie Bewegungsplanung Aktivitätsgrad Aufmerksamkeits-Dauer	Körperschema motorische Geschicklichkeit Gedächtnis Raumwahrnehmung	Zum Erlernen der Kulturtechniken; Spezialisierung einer Hirnhälfte
Propriozeptive Wahrnehmung (Muskeln und Gelenke)	Sicherheit in Beziehung zur Schwerkraft	Aktivierungsreaktion Körperwahrnehmung	Vis. Wahrnehmung im Sinne von z.B. Auge-Hand-koordination	u. einer Körperseite Selbstbewusstsein, Selbstkontrolle,
Taktile Wahrnehmung	saugen, essen, taktiles Wohl-befinden Mutter-Kind-beziehung	Koordination beider Körperseiten	Figur-Grund-differenzierung Formkonstanz Raumlage Raumbeziehung	Selbstvertrauen, Fähigkeit, Beziehungen aufzunehmen.
Visuelle Wahrnehmung		emotionale Stabilität	zweckvolle Aktivität	
Therapie-möglichkeiten	Krankengymnastik Ergotherapie Psychotherapie	Psychomotorik	Bewegungs- und Wahrnehmungs-förderung (Frostig, Kephart, Kiphard)	Schulische Stütz- und Förderkurse Montessoripädagogik Psychotherapie

Abb. 2: nach Milz, I.: Rechenschwächen erkennen und behandeln, borgmann publishing, Dortmund, ²1994

5. Die Bedeutung der visuellen Wahrnehmung

Wie bereits erwähnt, benötigt das mathematische Denken verschiedene Voraussetzungen für seine Entwicklung. Der folgende Teil soll ein praktischer Leitfaden für alle Ergotherapeuten sein, um anhand des FEW (Frostigs Entwicklungstest der visuellen Wahrnehmung) die wesentlichen Elemente der visuellen Wahrnehmung auf ihre mathematische Bedeutung hin zu prüfen.

Einleitend möchte ich noch erwähnen, dass der Frostigtest fünf Subtests enthält, die in ihrer Zusammensetzung der neuropsychologischen Entwicklung des Kindes (vom Einfachen zum Komplexen) entsprechen:

- Visuomotorische Koordination
- Figur-Grund-Wahrnehmung
- Formkonstanz
- Erkennen der Lage im Raum
- Erfassung von räumlichen Beziehungen

5.1 Visuomotorische Koordination

Das Zusammenspiel von Auge und Hand steht hier im Mittelpunkt. In der Entwicklung des Kindes ist die Hand die erste Anlaufstelle für Informationen. So greift der Säugling zuerst nach der Brust der Mutter; ganz zufällig werden in dieser Zeit die Augen dazugeschaltet. Erst allmählich übernehmen die Augen die Dominanz: Das Kind sieht etwas und greift danach. Das bedarf jedoch großer Geschicklichkeit. Abstand oder auch das Gewicht des Gegenstandes sollten vorher eingeschätzt werden können, damit die Hand Kraft und Geschwindigkeit einschätzen kann.

5.1.1 Bedeutung für das mathematische Denken

Die Auge-Hand-Koordination bildet die Grundlage der visuellen Wahrnehmung. Sie ist eine notwendige Voraussetzung für das „Erfassen“ und „Begreifen“ eines mathematischen Begriffes. Nur wenn dem Kind eine exakte Vorstellung möglich ist, gelingt ihm auch die Manipulation im Kopf und somit das Kopfrechnen.

Im Großen und Ganzen ist die gesamte Raumerfahrung, all unser Tun, auf eine ausgereifte Auge-Hand-Koordination ausgerichtet. Alle Vorübungen, die für die Grundrechnungsarten nötig sind, wie das Ordnen, Zuordnen, Zählen, Formen, usw. oder auch Grundbegriffe wie „lang-kurz“, „dick-dünn“, „hoch-tief“, „vorne-hinten“, werden durch die Auge-Hand-Koordination verdeutlicht.

5.1.2 Störungen der Auge-Hand-Koordination

Hierbei ist die Fixierung durch das Auge nicht oder nur ausreichend möglich. Dadurch kann die Hand keine gezielte Bewegung durchführen.
Übungen mit kleine Figuren gelingen besser, weil das Auge nur kurz folgen muss.

Auge und Hand verfügen über einen unterschiedlichen Rhythmus und es kommt zu Problemen beim Austeilen und beim Aufteilen einer Menge. Das Ausmalen von Figuren erfolgt nicht exakt (Grenzen!!).

5.2 Figur-Grund-Wahrnehmung

Hierbei handelt es sich „um das Herausheben einer Gestalt von ihrer Umgebung , um das Erkennen einer Figur von ihrem Hintergrund." (Milz, I. 1994).
„Ansehen – vorstellen – wiedererkennen", – diese drei Verben drükken die Aufgabe der Figur-Grund-Wahrnehmung klar aus. Allerdings kann dies nur gelingen, wenn das Objekt vorher bereits taktil begriffen werden konnte, d.h. die Auge-Hand-Koordination ist Grundlage für diese Stufe.
Kephart setzt zudem noch „die Ausdifferenzierung von Bewegungsmustern am eigenen Körper voraus" (Milz, I. 1994).

> Die Entwicklung der Figur-Grund-Beziehung beginnt vermutlich während der motorischen Differenzierung. Wenn die Bewegung eines bestimmten Körperteils aus der Masse ausdifferenziert wird und wenn diese nun absichtsvoll ausgeführt wird, ist die Muskelanstrengung, die für diesen Körperteil aufgewendet wird, größer als für die übrige Muskulatur. Der erhöhte Tonus, der an der ausdifferenzierten Bewegung beteiligten Muskeln, erzeugt eine mit diesem Akt verbundene, im Vergleich zur übrigen Aktivität des Körpers erhöhte kinästhetische Information. Es entsteht dadurch ein Kontrast zwischen der kinästhetischen Stimulation, die von der absichtsvollen Bewegung herrührt und der aller anderen Bewegungen, die somit in den Grund zurücktreten. Die absichtsvolle Bewegung wird zur Figur vor einem Grund (Kephart, N.C. 1977).

5.2.1 Bedeutung für das mathematische Denken

Die Figur-Grund-Wahrnehmung ist „...wesentlich an der Fähigkeit zur selektiven Aufmerksamkeit beteiligt." (Milz, I. 1994).
Es ist doch auch in unserem alltäglichen Leben so, dass speziell die Dinge reizvoll sind, die hervorstechen – ob nun aus dem Leben oder dem Raum. Automatisch wird man aufmerksamer, versucht sich darauf zu konzentrieren und etwas damit anzufangen. Ein Kind, dem die Figur-Grund-Wahrnehmung fehlt, kann nur nach der Figur suchen.
Die Figur-Grund-Wahrnehmung bildet eine elementare Voraussetzung aller Wahrnehmung! Milz gibt dazu eine für mich sehr eindrucksvolle Selbstwahrnehmungsübung an: Schifahren an einem Tag mit schlech-

ten Lichtverhältnissen, wo die Besonderheiten der Piste nur mühsam oder gar nicht heraustreten. Ein Kind mit Problemen im Bereich der Figur-Grund-Wahrnehmung hat ständig mit diesen Problemen zu kämpfen! Aber zurück zur Bedeutung für das mathematische Denken. Milz beschreibt noch vier wesentliche Grundzüge der Figur-Grund-Wahrnehmung:

- räumliche Begriffe
- Stellenwerterkennung der einzelnen Zahlen
- Zurechtfinden auf Buch- oder Heftseite
- Zurechtfinden im Raum

5.2.2 Beeinträchtigungen

Es kommt zu Schwierigkeiten im Umgang und Strukturieren von Mengen (bereits im vornumerischen Bereich).

5.3 Formkonstanz

Milz beschreibt die Formkonstanz so:

> Die Tatsache, dass Inhalte der Wahrnehmung trotz wechselnder äußerer Bedingungen unverändert und damit konstant erlebt werden können, bezieht sich (nicht nur auf die Form) auch auf andere Wahrnehmungsbereiche wie Helligkeit und Farbe, Größe, Raum, Zeit und Substanz und nicht zuletzt auf die Erhaltung der Zahl (Milz, I. 1994).

5.3.1 Bedeutung für das mathematische Denken

Jean Piaget ist wohl jedem, der im Kinderbereich arbeitet, ein Begriff. Ich erwähne ihn hier deshalb, weil für ihn die Formkonstanz, oder, wie er sagte der „Begriff der ***Invarianz***“, sehr ausschlaggebend für die Entwicklung des mathematischen Denkens ist.
Der Versuch mit den Gläsern prägte sich mir bereits im Pädagogikunterricht an der Kindergartenschule ein. Er soll hier noch einmal kurz erklärt werden.

> Zwei Gläser gleicher Größe und Form, enthalten exakt die gleiche Menge Flüssigkeit. Wird ein Glas in ein drittes umgefüllt, das zwar kleiner ist, aber einen größeren Durchmesser hat, wird ein Kind in diesem Alter (es handelt sich hier um Kinder im Alter von ca. fünf Jahren) behaupten, dass das dritte Glas weniger Flüssigkeit enthält. Beim Umfüllen in ein weiteres schmales und hohes Glas wird es aussagen, dass sich die Flüssigkeit vermehrt habe. Erst

in der sich anschließenden Entwicklungsperiode (...kann das Kind begreifen, dass Form und Inhalt zwei voneinander unabhängige Qualitäten sind (Krenz, A./Rönnau, H. 1989).

5.3.2 Beeinträchtigungen

Natürlich sind diese Probleme nicht nur auf die schulische Mathematik begrenzt. Speziell im Alltag, beim Umgang mit Geld, Mengen, Zeit oder auch mit Größen, wirkt ein solches Kind als absolut hilflos, unfähig, ja vielleicht sogar gefährdet. Hier nur zwei Beispiele: Was nützt es einem Kind zu wissen, dass es noch zwei Stunden Zeit zum Lernen hat, wenn es mit dieser Zeitangabe nichts anfangen kann? Zwei Stunden – zwei Minuten, was bedeutet das? Wie kann sich ein Kind sicher im Straßenverkehr bewegen, wenn es das Näherkommen eines Fahrzeuges nicht wahrnimmt, weil es auch nicht dessen Größerwerden registriert. Das Abschätzen, wie schnell das Fahrzeug hier sein wird, ist ihm nicht möglich.

5.4 Erkennen der Lage im Raum

Die Lage im Raum beginnt sich mit der Lateralität, also der Seitigkeit zu entwickeln. Als Bezugssystem für die Orientierung im Raum, ganz gleich ob oben, unten, rechts, links usw., ist die Schwerkraft anzusehen. Einem Kleinkind gelingt es nur minimal, gegen die Schwerkraft anzukommen. Erst nach und nach lernt es, diese zu überwinden und sich im Raum nach eigenem Sinn zu bewegen. Die aufrechte Haltung ist dann die Ausgangsposition für alle weiteren Bewegungen. Kommen wir noch einmal auf die Lateralität zurück. Wenn ein Kind beginnt sich aufzurichten, zu sitzen und dann zu gehen, hat es noch Probleme mit dem Gleichgewicht. Es muss seine Mitte finden. Mit dieser Mitte kommt aber auch die Erkenntnis, dass es rechts und links gibt, das sein Körper aus „zwei Hälften“ besteht. Es muss lernen, „welcher Arm – welche Körperseite – auf welche Weise zu bewegen ist, damit die richtigen Ausgleichsbewegungen stattfinden können. Allmählich entwickelt sich daraus das innere Bewusstsein von zwei Körperhälften, und ihren Unterschieden (...)“ (Milz, I. 1994). Am Ende dieses neurologischen Reifungsprozesses steht dann die Seitigkeit, bzw. die Dominanz einer Hand.

5.4.1 Bedeutung für das mathematische Denken

Durch die vorhandenen Begriffe „oben-unten“, „hinten-vorne“, „rechts-links“ hat das Kind die Möglichkeit die Dreidimensionalität eines Objektes zu erkennen. In der Schule ist es nun wichtig, diese Dreidimen-

sionalität zweidimensional, also auf einer Tafel oder im Heft, festzuhalten. Zusätzlich kommen jetzt noch Begriffe wie horizontal (im Heft schreiben) und vertikal (an der Tafel) hinzu.
Eine weitere Bedeutung findet die Raumlage in der Schreibrichtung von Zahlen, Buchstaben und Symbolen. Viele dyskalkulische Kinder haben Probleme bei der Unterscheidung von 6 und 9, 3 und E, > und <, + und x.

5.4.2 Beeinträchtigungen

Wie bereits oben erwähnt, kommt es häufig zum Verdrehen der Symbole und auch der Ziffern. Weiters hat das Kind große Probleme dreidimensionale Objekte in zweidimensionaler Form wiederzugeben.

5.5 Erfassen von räumlichen Beziehungen

Hierbei handelt es sich um die Lage des Subjektes, des Wahrnehmenden, im Raum und seinen Bezug zu den anderen Objekten. Kephart spricht von „Translationsbewegungen im Raum“, die nötig sind, um zum Beispiel den Abstand zu einem anderen Objekt abzuschätzen (Kephart , N.C. 1977). Das Kind muss für diese Fähigkeit aus seinem egozentrischen Raum schlüpfen, um sich mit anderen in Beziehung zu setzen. Dies kann allerdings nur gelingen, wenn das Kind für sich stabil genug ist und eine ebenso stabile Raumerfahrung besitzt.

5.5.1 Bedeutung für mathematisches Denken

„Relation“ – ein Begriff, der uns aus der Mathematik nur all zu gut bekannt sein dürfte. Er beschreibt, bzw. bestimmt das Verhältnis von Objekten zueinander. Nicht nur weniger-mehr, kleiner-größer usw., sondern auch die Beziehung einer Zahlenreihe, ihre Abfolge, fällt hier herein. Mathematik benötigt Regeln, um sinnvoll zu sein. Diese müssen eingehalten werden. Ob es sich nun um das Von-links-nach-rechts-Arbeiten beim schriftlichen Dividieren oder beim richtigen Niederschreiben der Zahl 4387 handelt, das Kind benötigt Beziehung zum Raum, benötigt eine spezifische Reihenfolge.

5.5.2 Beeinträchtigungen

Treten in diesem Bereich Probleme auf, so ist es klar, dass das Kind z.B. am Zahlenstrahl Schwierigkeiten haben wird. Denn bei der Addition soll es nach rechts, bei der Subtraktion nach links arbeiten. Beim Niederschreiben von zweistelligen Zahlen kommt es oft vor, dass aus einer gesprochenen 23 die geschriebene Zahl 32 wird.

6. Zeitwahrnehmung und ihre Bedeutung

Als sogenannte vierte Dimension des Raumes darf die Zeit in dieser Arbeit nicht fehlen.

> Die beiden großen Realitäten Raum und Zeit sind in der Umwelt des Kindes eng miteinander verflochten.(...) Selten (...) ist ein Ereignis auf eine Dimension beschränkt. Im Gegenteil, bei jeder Verarbeitung eines Ereignisses kommen notwendigerweise gleichzeitig beide Dimensionen ins Spiel. Ist die Zeit eine echte Dimension des Raumes, kann das Kind mit Leichtigkeit von Raum in die Zeit und umgekehrt übersetzen, weil beide Dimensionen in allen seinen kognitiven Prozessen integriert sind (Kephart , N.C. 1977).

Die enge Verknüpfung von Wahrnehmung und Bewegung wird jedem bewusst sein, der die vorangegangenen Ausführungen zur Bedeutung der visuellen Wahrnehmung gelesen hat. Bewegung und Zeit sind ebenso fix miteinander verbunden, und damit wird Wahrnehmung ein Vorgang in der Zeit. Aber Zeitwahrnehmung ist mehr. Zu ihr gehören Rhythmus, Tempo, Dauer, Reihenfolge und natürlich die räumlich-zeitliche Übersetzung. Die Fähigkeit, Zeit bewusst wahrzunehmen, ist dem Menschen eigen und entwickelt sich relativ spät. Ein Kindergartenkind kann noch relativ wenig mit einer Uhr anfangen, die Formkonstanz wird zuerst benötigt, um mit den Begriffen Minuten, Stunden, usw. etwas anfangen zu können. Das Kind lebt im Augenblick und Milz meint sogar, dass es Zeit zunächst als das Verhältnis zwischen dem Auftreten eines Bedürfnisses und dessen Befriedigung erlebt (Milz, I. 1994).

6.1 Gleichzeitigkeit

Das erste Erfahren von Gleichzeitigkeit ist meist motorisch: Klatschen ist ein gleichzeitiges Zusammenführen der beiden Handflächen, beidhändiges Ballspielen, Fadenspiele, usw.

6.2 Rhythmus

Rhythmus = zeitlich gleichbleibende Intervalle bei sich wiederholenden Bewegungsabläufen

Die Wahrnehmung und Reproduktion von Rhythmus ist eine neuropsychologische Leistung, die erst spät entwickelt wird. Zwar umgibt uns bereits im Mutterleib Rhythmus, unser Herzschlag und unsere Atmung unterliegen einem Rhythmus, der Mond mit seiner Auswirkung auf den weiblichen Zyklus, die Jahreszeiten oder auch nur Tag und Nacht usw. erlegen dem Menschen einen Rhythmus auf. Aber wahrgenommen wird er meist erst dann, wenn er gestört ist.

Milz unterscheidet drei Rhythmusarten:

- *Motorischen Rhythmus:* wesentlich für die rhythmische Koordination der Gliedmaßen
- *Akustischen Rhythmus:* wesentlich für ein einheitliches Klangbild
- *Visuellen Rhythmus:* wesentlich für ein einheitliches Bild, wenn mehrere Blicke, Fixationen nötig sind, um es zu erfassen.

Diese drei Typen müssen in sich und untereinander konsistent sein, damit sich keine Probleme im zeitlichen Ablauf ergeben.

6.3 Tempo

Tempo = unterschiedliche Länge von zeitlichen Einheiten bei gleichbleibendem Rhythmus
Tempohalten fällt vielen von uns schwer. Vor allem Kinder werden gerne zu schnell. Probleme gibt es, wenn das Tempo nicht variiert werden kann. Milz stellt die These auf, dass es innerhalb der Zeitwahrnehmung ebenfalls eine Figur-Grund-Wahrnehmung gibt, die allerdings auf unseren Körper bezogen ist. So hätte jeder Mensch sein ihm eigenes Grundtempo, das sich vorübergehend aber auch verändern kann und in ein sogenanntes Arbeitstempo übergeht. Sind diese beiden Tempi in ihrer Geschwindigkeit klar unterschiedlich, so ist dieser Umstand auch für den Menschen gut wahrnehmbar. Eine deutliche Differenz erweist sich als nötig, um dem Kind klare Informationen zu übermitteln. Vielleicht liegt hier auch ein Problem der hyper- und hypoaktiven Kinder.

> Wenn Wahrnehmung und Bewegung voneinander abhängig sind, wenn angenommen wird, dass Figur-Grund-Wahrnehmung sich aus dem Körperempfinden heraus entwickelt, ist es naheliegend, das auch für die Zeitwahrnehmung zu vermuten. Möglicherweise sind es die Propriozeptoren an den Muskeln und Gelenken, welche dem Körper durch die Bewegung Information nicht nur über den Raum sondern auch über zeitliche Abläufe geben und damit eine wichtige Rolle bei der Entwicklung „höherer psychischer Funktionen“ spielen. Für die Behandlung von Rechenstörungen bekommt dieser Gesichtspunkt eine besondere Bedeutung (Milz, I. 1994).

6.4 Reihenfolge

> Zeit lässt sich nur im Ablauf von Ereignissen erleben: zuerst – dann – zuletzt. So bringen wir sie in eine Reihenfolge. (... .) Zuerst – dann – zuletzt ist damit ein wesentliches Element nicht nur jeglicher Handlung, sondern auch des mathematischen Tuns als Voraussetzung des mathematischen Denkens. Es ist eine Reihenfolge, die für eine Organisation in der Zeitdimension sorgt, genauso wie die Raumstruktur die Organisation in den räumlichen Dimensionen bewirkt (Milz, I. 1994).

Wir sprechen in diesem Zusammenhang auch gerne von Serialität. Ohne seriale Leistungen ist mathematisches Denken nicht durchführbar. Das Nacheinander der Zahlen in der Zahlenreihe oder das seriale Vorgehen bei der Lösung von Rechenoperationen wird problematisch, wenn dem Kind die Begriffe „zuerst – dann – zuletzt“ nicht bekannt sind. In solch einem Falle werden Schwierigkeiten im Mathematikunterricht nicht auf sich warten lassen.

6.5 Dauer

Dauer = Zeitraum zwischen zwei Ereignissen. Es können dies festgesetzte Zeitspannen, wie Stunden, Tage, Wochen, Monate, Jahre, sein, oder aber ganz persönliche Fixpunkte, mit denen diese Zeitspanne ausgefüllt wird (Milz, I. 1994).

Wie schwierig es ist, „Dauer“ objektiv darzustellen, versuche ich in zwei kurzen Beispielen zu erläutern. Die Zeitdauer beträgt in beiden Fällen 1 Stunde.

Im ersten Beispiel wartet Susi ganz ungeduldig auf ihre beste Freundin Petra. Die Zeit scheint kaum zu vergehen und es kommt Susi vor, als wären 3 Stunden vorbei, bis Petra endlich kommt.

Im zweiten Beispiel spielen Susi und ihre Freundin miteinander. Die Zeit vergeht wie im Flug, und als Petras Mutter nach einer Stunde hereinkommt, um ihre Tochter abzuholen, können es die beiden gar nicht glauben, dass die Stunde bereits vorbei ist.

Auch das Erlernen der Uhrzeit ist für viele nur das Ablesen vom Ziffernblatt. Aber wie viele können mit der Zeitdauer von z.B. 15 Minuten wirklich etwas anfangen? Welche Probleme muss es mit sich bringen, wenn jemand z.B. keine Ahnung hat, wie lange vier Arbeitsstunden dauern, und vielleicht denkt, das rentiert sich nicht mehr, und heimgeht. Dass dieses Verhalten nicht vorsätzlich geschah, wird wohl kaum ein Arbeitgeber glauben.

6.6 Räumlich-zeitliche Übersetzung

Die Uhr ist das beste Beispiel für die Möglichkeit, Zeit in Raum umzusetzen. Bereits in den alten Hochkulturen war die Sonnenuhr bekannt. Auch die Sanduhr war schon im frühen Griechenland bekannt. Aber auch in der heutigen Zeit haben Begriffe wie Lichtjahr oder Tagesreise einen hohen Stellenwert und sind gute Beispiele für die zeitlich-räumliche Übersetzung (Milz, I. 1994).

> Die Zeitdimension muss für das Kind eine echte vierte Dimension werden. Es muss mit Ereignissen umgehen und Probleme lösen, die sowohl räumliche als auch zeitliche Erstreckung haben. Es entsteht ständige Verwirrung, wenn diese beiden Dimensionstypen nicht so korreliert werden können, dass Ereignisse in beiden Systemen dieselbe Bedeutung haben, und wenn nicht von einem in den anderen Dimensionstyp ohne Schwierigkeiten übersetzt werden kann (Kephart , N.C. 1972).

7. Sprache und ihre Bedeutung

Die Sprache entwickelt sich sehr spät (s. Abb. 1) und bedarf einer guten Basis, damit Aufnahme, Verarbeitung und Ausdruck verbaler Informationen gelingt. Anatomisch gesehen ist das für die Sprachverarbeitung zuständige System sowohl cortikal als auch subcortikal doppelseitig angelegt. Das Kleinkind arbeitet zunächst noch mit beiden Hemisphären gleichwertig. Mit der Zeit allerdings entwickelt sich eine dominante Hirnseite für das Verbale. Bei den meisten Menschen ist dies die linke Hirnhälfte. Die rechte Hemisphäre verarbeitet eher Nonverbales, wie Gefühle, Eindrücke, Bilder, usw.
Kindern, die Verbales eher mit der rechten Hirnhälfte verarbeiten, Kindern, die eher bildlich ihre Eindrücke abspeichern, Kindern, die Probleme beim Differenzieren und Analysieren haben, Kindern mit – wenn auch nur leichten – Sprachproblemen kann in einem hauptsächlich verbal erfolgten Mathematikunterricht nicht viel vermittelt werden. Hier bedarf es anderer, nämlich konkreterer Bildungsmethoden. Die bunten Rechenbücher mögen ja schön aussehen, allerdings wäre konkretes Anschauungsmaterial zum „be***greifen***“ sinnvoller. Diesen Kindern

muss das „Handelnde Lernen", das in den ersten Schulwochen ja noch üblich ist, über einen längeren Zeitraum erlaubt und ermöglicht werden. Zusätzlich muss das Kind lernen, sein Handeln sprachlich zu unterstützen. Die gefühlsmäßige Verknüpfung ist wesentlich für das Sprachverständnis und sollte gerade bei Kindern, die Probleme mit Textaufgaben haben, berücksichtigt werden.
Manchen Kindern fehlt die Brücke vom Hören zum Tun. Sie können verbale Aufträge nur schwerlich in Aktionen umsetzen. Die Übertragung vom Visuellen gelingt hier meist besser. Auch die Möglichkeit, dass das Kind die Aufgabe noch einmal laut nachsprechen darf, bringt oft einen Erfolg mit sich. Durch das eigene Sprechen entwirft es noch einmal für sich selber einen Handlungsplan. Und Kinder mit dieser Teilleistungsstörung können ihre eigenen Handlungspläne meist sogar sehr schnell ausführen (Milz, I. 1994).
„Die Erziehung zu einem differenzierten Sprachverständnis und zu einer exakten Sprachbenutzung bekommt damit einen besonderen Stellenwert und wird zu einer wichtigen Aufgabe im Kindergarten und Vorschulbereich." (Milz, I. 1994).

8. Entwicklung des mathematischen Denkens (nach Grissemann, Weber 1982)

Raum, Zeit und Sprache sind die Grundlagen, auf denen das eigentliche mathematische Denken, also das geometrische und numerische Denken, sowie deren Vorstellung aufbaut. Da Rechenstörungen im wesentlichen auf Beeinträchtigungen im Aufbau-, bzw. Verinnerlichungsprozess, sowie in der Anwendung mathematischer Operationen zurückzuführen sind, wird in dieser Arbeit eigentlich nur die Entwicklung und das Verständnis von Grundoperationen und ihrer Anwendungen beschrieben.

Die Entwicklung des mathematischen Denkens verläuft in drei voneinander abhängigen Bereichen:

- Klassenbildung
- Schaffung von dynamischen Relationen
- Zahlen

Sie bilden eine Struktur. Diese setzt allerdings funktionelle Prozesse voraus.

Auf die sensuomotorische Phase baut die Phase des anschaulichen mathematischen Denkens auf. Das bedeutet, dass Handlung in Vorstellung übersetzt und verinnerlicht werden kann. Ist sie gut integriert und innerlich nachvollziehbar, ist dem Kind ein Manipulieren möglich. Wegnehmen, Dazugeben, usw., alles ist nun im Geiste möglich. Am Ende dieser Phase kommt es zu Abstraktionsleistungen der Klassifikation, der Reihenbildung und schließlich zur Bildung des Zahlenbegriffes.
Bereits im Kindergartenalter kann das Kind mathematische Ordnung, mathematische Operationen, wahrnehmen. Es weiß, ob es sich nun um ein, zwei, oder mehr Dinge handelt. Es erkennt viel und wenig, kann vergleichen: mehr und weniger, kleiner und größer. Aber all das geschieht noch im konkreten Tun, im Handeln mit wirklichen Gegenständen. Erst im Laufe der Jahre lernt das Kind die Strukturen zu erkennen, zu verinnerlichen, sie sich vorzustellen und mit diesen Ordnungen (sowie ihren Begriffen) zu manipulieren. Dabei wird der konkrete sichtbare Anteil dieser Operationen immer kleiner – ja schlussendlich kann sogar das Vorstellbare abgelegt werden.
Neben den quantitativen Strukturen einer mathematischen Operation erwirbt das Kind durch das Tun, durch das Handhaben von Gegenständen zusätzlich eine räumliche Struktur. ***Handhaben*** deutet schon darauf hin, dass die Dinge in der Hand gehabt, ***begriffen*** werden müssen, um dem Kind begreiflich zu werden: eckig, rund, offen oder geschlossen, dick oder dünn, groß oder klein. Nur durch diese direkte Handhabung, durch die dabei gesammelten Infos kann das Erkennen von Abbildungen im zweidimensionalen Raum, also auf dem Papier, erfolgen. Eigenschaften wie „rund" oder „eckig", „klein" oder „groß", „lang" oder „kurz" können wiedererkannt werden und schließlich auch Beziehungen zwischen Seiten und Winkeln, sodass neue Eigenschaften entstehen können (quadratisch, rechteckig, usw.).

Für all das ist das ***Tun*** die Voraussetzung, die Hand nötig, also das ***Handeln!*** Gerade in der Grundschule erweist es sich als wichtig, zuerst konkret an die mathematische Aufgabe heranzugehen. Anschließend folgt die zeichnerische Darstellung, in der unser Tun (wegnehmen, dazugeben, usw.) durch Symbole (+, -, =, usw.) dargestellt wird. Ein klarer Schritt hin zur Abstraktion ist erfolgt. Das Kind erkennt an den Zeichen, was es tun soll. In einem dritten Schritt werden nur noch Zahlzeichen dargestellt, wie z. B. bei der Gleichung 2 + 6 = 8. Das Kind soll nun fähig sein, diese symbolische Darstellung wieder in etwas Konkretes, Anschauliches umzusetzen. Um diesen umgekehrten Weg vom Abstrakten zum Konkreten gehen zu können, bedarf es einer guten

Verinnerlichung der vorherigen Handlungsschritte, damit die Übertragung leicht und beweglich gelingt. Nach und nach kann das Kind auf die Übertragung verzichten, ihm genügt ein Manipulieren mit Symbolen.

Kurz zusammengefasst ergeben sich somit vier Stufen für das Erlernen einer mathematischen Operation:

- Das konkrete Handeln mit Gegenständen
- Die bildliche Darstellung mit graphischen Zeichen und Markierungshilfen
- Die Darstellung und Umsetzung mathematischer Operationen mit Hilfe von Ziffern und Zeichen (Zifferngleichung)
- Automatisierung und Anwendung mathematischer Operationen

Allerdings können in diesen Lernprozessen Störungen auftreten, die das Erleben der Rechenfähigkeiten erschweren oder sogar verhindern.

8.1 Stufe 1 – Das konkrete Handeln mit Gegenständen

Treten in dieser Phase, die geprägt durch das Tun ist, Probleme auf, so haben Kinder schon mit dem Zählen, dem Ab- und Zuzählen im ersten Zehnerraum, mit dem Überschreiten des Zehners und dem Aufbau des Hunderters Schwierigkeiten. Es fehlt überhaupt am anschaulichen Denken.
Gefordert sind die anschaulich praktischen Fertigkeiten, d.h. das Kind muss eine Anzahl von Gegenständen mit den Händen und den Augen erfassen können. Beobachtbar ist in dieser Phase, wie das Kind beim Abzählen zunächst die einzelnen Elemente noch mit dem Finger berührt, bis die Augen dies ohne Hilfe der Hand fertigbringen.

Dass ein Kind das Zählen erlernt, wird als selbstverständlich angenommen. Ob es allerdings eine Vorstellung von der Zahl hat und etwas mit dieser verbinden kann, ob es eine Ahnung hat, was das Zahlwort sagt und bedeutet, diese Frage stellt eigentlich niemand. So lange das Kind keine Probleme hat, ist dies auch nicht sehr tragisch. Allerdings schreibt Lorenz bereits 1993, dass ca. 6% der SchülerInnen sehr rechenschwach und weitere 15% förderbedürftig sind (Lorenz, J.H. 1993). Und die Anzahl steigt!! Damit steigt auch die Anforderung an Eltern, Lehrer, Ergotherapeuten, Kindergärtner und Erzieher.

Denn diese Stufe ist die Basis für alle weiteren mathematischen Denk- und Lernprozesse.
Das Kindergartenkind zeigt uns sein Alter, indem es seine Finger hochhält. Auch das Schulkind beginnt seine ersten Rechenaufgaben so zu lösen. Solange das Kind dabei beim Zählen die Gruppierungen berücksichtigt, ist das auch ganz in Ordnung. Für viele ist das aber ein großes Problem. Nehmen wir das Beispiel 4 + 5, dann zählen viele 1-2-3-4 und dann noch einmal 1-2-3-4-5 und beginnen dann wieder von vorne zu zählen 1-2-3-4-5-6-7-8-9. Oder sie beginnen 1-2-3-4, legen eine Pause ein und zählen weiter 5-6-7-8-9.
Wie bereits erwähnt, ist das Zählen mit den Fingern für die erste Zeit nichts Schlechtes. Zur visuellen Wahrnehmung wird noch der taktil-kinästhetische Kanal zugeschaltet. Das Arbeiten über zwei Sinneskanäle ist für manche Kinder sehr hilfreich.
Aber, und darauf hat M. Frostig besonderen Wert gelegt, das Kind sollte beim Rechnen mit den Fingern die abgezählten Elemente als Ganzheit betrachten, zumindest die des ersten Summanden (Milz, I. 1994).
In unserem Beispiel sollte also die 4 als Einheit mit allen Fingern gezeigt werden und nun kann 5-6-7-8-9 dazugezählt werden. Allerdings sollte der zweite Summand sehr bald auch ganzheitlich dazugezählt werden.

Als sehr nützlicher Begleiter auf dem Weg des Verstehens vom einzelnen Element zur Zahleigenschaft der Menge, hat sich laut Milz das goldene Perlenmaterial von Montessori erwiesen. Denn im Gegensatz zu den Rechenstäbchen von Klett (Cusinier Stäbchen) ist es dem Kind hier möglich, nicht nur die Gesamtheit der Menge, sondern auch die einzelnen Einheiten, die die Zahlenmenge bilden, zu erkennen.

Die für den weiteren Aufbau- bzw. Verinnerlichungsprozess schwerwiegendsten Schwächen sind wohl die im Bereich des Zahlenbegriffes und des Zählens. Das Problem entwickelt sich einfach oft aus einem Unverständnis heraus. Deshalb gilt es , so oft als möglich mit konkretem, dreidimensionalem Material zu arbeiten. Auch das Arbeiten mit den unterschiedlichsten Materialien bietet dem Kind die Möglichkeit, dasselbe in verschiedenen Arten zu erleben. Die Formkonstanz wird gefördert. Ebenso denke ich, dass das Üben am Computer, mit all den tollen Programmen nie denselben Erfolg bieten kann, wie das Spiel in der Natur, das Trainieren der gesamten Sinne.

8.2 Stufe 2 – Die bildliche Darstellung mit graphischen Zeichen und Markierungshilfen

Auf dieser Stufe geht es hauptsächlich um die graphische Darstellung, ja gewisserweise um die Vertiefung des konkret Vollzogenen durch das Niederschreiben unter Verwendung der mathematischen Symbole. Das Kind sollte fähig sein, das Erlebte in einer kurzen und präzisen Formel niederzuschreiben. Manche Kinder haben aber Schwierigkeiten. Sie können mit den Symbolen für Plus oder Minus nichts anfangen. Sie müssen überlegen, benötigen mehr Zeit und sind sich ihrer Lösung nie ganz sicher.

8.3 Stufe 3 – Die Darstellung und Umsetzung mathematischer Operationen mit Hilfe von Zahlen und Ziffern (Zifferngleichung)

Wurde in Stufe zwei noch mit dem Konkreten gearbeitet, indem die Zahl unter die Mengen geschrieben, das Dazugeben mit dem Plussymbol und das Weggeben mit dem Minussymbol versehen wurde, sollte das Kind nun gänzlich ohne Konkretes arbeiten. Nur die kahle mathematische Formel steht ihm zur Lösung der Aufgabe zur Verfügung. Das Kind muss die Bedeutung sämtlicher Symbole im Kopf haben, um dieser Aufgabe gewachsen zu sein. Aber nicht nur das! Das Kind muss die von ihm entschlüsselte Aufgabe durchführen, lösen und wieder verschlüsseln, also wieder mathematisch niederschreiben!!
Wenn das für das Kind nicht zu Beginn kompliziert und schwierig sein darf ...
Probleme können hier durch nicht gesicherte Basisfunktionen (Stufe I, II) ausgelöst werden. Auch Probleme im Kurzzeitgedächtnis können der Anstoß dafür sein. Ebenso wäre auch eine Abstraktionsschwäche möglich; das Kind benötigt dann weiterhin anschauliches Arbeitsmaterial.

8.4 Stufe 4 – Die Automatisierung und Anwendung mathematischer Operationen

Diese Stufe kann nur erreicht werden, wenn die ersten drei erfolgreich integriert wurden. Die Automatisierung beinhaltet eine Entlastung und Erleichterung, speziell wenn es mehrere Rechenschritte hintereinander auszuführen gilt. Gerade die Beherrschung des Einmaleins bietet jedem von uns eine große Hilfe, wenn es gilt eine Rechnung durchzuführen. Muss immer erst mühevoll eine Addition nach der anderen durchgeführt werden, so verzögert dies den Rechenprozess und verlängert den Lösungsweg entscheidend. Allerdings kann es auch bei Schülern zu Problemen kommen, die das Einmaleins erstklassig heruntersagen können. Hier stellt sich dann wieder die Frage, wieweit die Vorstellung des Einmaleins möglich ist.

9. Ursachen für die Dyskalkulie

Bei der Dyskalkulie handelt es sich wohl um eine multikausale Lernstörung, deren Ursachen sich in drei große Bereiche einteilen lassen. Alle drei Bereiche überlagern sich und wirken meist miteinander auf das Kind und dessen Lernen ein.

Diese drei Ursachen stehen miteinander in Wechselwirkung, müssen allerdings nicht immer gemeinsam auftreten.

Abb. 3: nach: Schwarz, M.: Rechenschwäche? Wie Eltern helfen können, Urania-Ravensburger Verlag, Berlin 1999

9.1 Organisch-neurologische Ursachen

Die sogenannte primäre Dyskalkulie umfasst die körperlich bedingten, d.h. auf Hirnleistungsschwächen beruhenden, sogenannten neurogenen Rechenstörungen. Dazu zählen sowohl genetisch bedingte als auch perinatal (vor, während und/nach der Geburt) erworbene Ursachen sowie Beeinträchtigungen der Entwicklung in der frühen Kindheit (Schwarz, M. 1999).

9.1.1 Mögliche Auslöser für diese organische Ursache

- Sauerstoffmangel vor/während /nach der Geburt
- Nikotin-, Alkohol-, Drogenabusus während der Schwangerschaft

- Verstrahlung des Embryos
- Infektionen der Mutter in der Schwangerschaft

usw.

Eine typische Diagnose bezüglich einer organischen Ursache, die im Rahmen der Dyskalkulie immer wieder vorkommt, ist die MCD (= minimale cerebrale Dysfunktion). Hierbei handelt es sich um winzige Funktionsstörungen im Gehirn, die allerdings im EEG nicht messbar sind.

9.1.2 Wie kann dem Kind geholfen werden?

Hier sind vor allem eine genaue Diagnostik und gegebenenfalls auch eine passende Therapie angebracht. Die Abklärung kann durch den Kinderarzt oder Neuropädiater erfolgen. Dieser sollte im Anschluss die geeignete Therapieform wählen. Speziell in diesem Bereich zählt die Ergotherapie zu den wohl effektivsten Therapiemöglichkeiten. Sie holt das Kind auf seinem derzeitigen Entwicklungsstand ab und bietet ihm durch körperbezogenes Arbeiten und sinnvolles Tun, das in ein lustvolles Spiel eingebunden wird, die Möglichkeit, seinen Entwicklungsstand kindgerecht zu verbessern.

9.2 Psychische, emotionale, soziale Gründe

„Die sogenannte sekundäre Dyskalkulie wird durch das Umfeld des Kindes (Familie, Freunde, Erzieher, Lehrer) ausgelöst und entsteht in der Psyche des Kindes.“ (Schwarz, M. 1999).

9.2.1 Mögliche Auslöser für diese psychische Ursache

- Scheidung der Eltern
- Sexueller Missbrauch
- Überbehütung/Vernachlässigung durch das Elternhaus
- Schulische Veränderungen (Lehrerwechsel, Schulwechsel, Negativerlebnisse im Rechnen, große Schüleranzahl, ...)
- Leistungsdruck

usw.

9.2.2 Wie kann dem Kind geholfen werden?

Hier steht für mich an erster Stelle das Gespräch mit den Eltern. Gemeinsam sollten die Ursachen definiert werden, damit dem Kind bzw. den Eltern entsprechende Hilfestellung gegeben werden kann.

9.3 Didaktische Ursachen

„Bei diesem Ursachenkreis handelt es sich um Probleme der Vermittlung von Mathematik, also um Ursachen, die in der Schule liegen.“ (Schwarz, M. 1999).

9.3.1 Mögliche Auslöser für diese didaktische Ursache

Es ist ganz klar, dass es bei Lernschwierigkeiten des Schülers auch zu Lehrschwierigkeiten für den Lehrer kommt. Oft ist dem Lehrer das Wie und Was nicht bewusst. Er steht ratlos da und kann oft nur einen Grund für das Versagen des Schülers finden: Faulheit! Gottlob gibt es in der neuen Lehrergeneration nur noch wenige, denen das Wort Dyskalkulie bzw. Rechenschwäche fremd ist. Allerdings gibt es in meinen Augen auch heute noch für einen Lehrer Schwierigkeiten, den Schüler innerhalb der Klasse ausreichend zu fördern, ohne den Rest der Klasse zu vernachlässigen. Therapeutische Maßnahmen sind sicher sinnvoll, dennoch ist es auch in der Schule wichtig, den Schüler dort abzuholen, wo er steht. Ein offener Unterricht wäre gefragt und angebracht. In meinen Augen sind hier Schulformen, die sich z.B. an Maria *Montessori*s Pädagogik orientieren sehr sinnvoll. Durch das intensive Auseinandersetzen mit dem Sinnesmaterial, sowie durch die Möglichkeit, solange wie nötig an einem Problem zu arbeiten, gelingt es dem Schüler, den Lehrstoff erfolgreich zu integrieren, d.h. zu verinnerlichen.

9.3.2 Wie kann dem Kind geholfen werden?

Auch hier ist speziell der Schulpsychologe gefordert. Die Überprüfung des schulischen Umfeldes, beziehungsweise die Sensibilisierung für das Problem der Dyskalkulie ist hier notwendig. Die Sensibilisierung kann jedoch auch durch Ergotherapeuten erfolgen. Vorträge, Übungsvorschläge und Unterstützungsangebote werden von Lehrern sehr gerne angenommen und sind wohl auch immer nötig. Den Ergotherapeuten wird dadurch auch die Möglichkeit geboten, auf ihre Existenz und Aufgabe aufmerksam zu machen. Das notwendige Miteinander aller Beteiligten könnte dadurch sicher leichter gestaltet werden.

10. Diagnosestellung: „Dyskalkulie“

10.1 Die ersten Signale

Eine Rechenschwäche bricht nicht plötzlich aus, sie entwickelt sich langsam und kündigt sich gewissermaßen mit verschiedenen „Symptomen“ an. Diese fallen nicht nur dem Kind selber auf; auch die Schule und natürlich die Eltern werden einige Anzeichen bemerken:

Kind:

- Unzufriedenheit mit seinen Leistungen im Rechnen
- Leistungsrückstand wird immer größer
- Wut und Aggression machen sich breit
- Freundschaften gehen zu Bruch
- Resignation und Enttäuschung

Eltern:

- Schwierigkeiten beim Lösen der Rechenaufgabe
- Das Kind kann kaum motiviert werden (bis zur Verweigerung)
- Lösungen sind fast immer falsch
- Rechenaufgaben beanspruchen einen langen Zeitraum
- Aggression und Wutausbrüche

10.2 IQ und Co.

Damit diese ersten Anzeichen sich zu einer Diagnose erhärten können, muss die allgemeine geistige Leistungsfähigkeit überprüft werden. Dies erfolgt mit Hilfe eines Intelligenztestes.
„Eine mindestens durchschnittliche Intelligenz bei gleichzeitigem Versagen in Mathematik gilt derzeit als Kriterium zur Diagnose einer Dyskalkulie.“ (Schwarz, M. 1999).

10.3 Diagnostische Grundabklärung (nach Krüll, 1996)

Um festzustellen, ob eine Rechenschwäche vorliegt oder nicht, muss überprüft werden, ob die grundlegenden Verständnisstufen im Umgang mit Zahlen erreicht wurden. Daraus ergibt sich:

1. die Bestimmung des Ausmaßes des Fähigkeits- und Wissensrückstandes

2. die diagnostische Abgrenzung der Dyskalkulie von allgemeiner Schulleistungsschwäche
3. die Benennung des spezifischen Problembereiches
4. die Diagnose der kindlichen Fähigkeit, ob unter günstigen Bedingungen besseres Lernen möglich wäre.

Für Krüll gibt es noch weitere, nicht stoffbezogene Kriterien (Krüll, K.E. 1996).

Hypothese: Serialitätsstörung

Schwierigkeiten beim Lesen mehrstelliger Zahlen
Schwierigkeiten mit der Rechenrichtung am Zahlenstrahl

Hypothese: Raum-Lage-Labilität

Ziffern verdreht links-rechts, oben-unten

Hypothese: Sprachlich-akustische Verwechslungen

Sechzehn, Sechzig

Hypothese: Schwaches Kurzzeitgedächtnis

für visuelle Reize
für akustische Reize

Hypothese: Abstraktionsschwäche/Konkretismus

Beachtet wird nur das direkt Sichtbare, die dazugehörende Bedeutung fehlt! (z.B. Ablesen der Uhrzeit)

Hypothese: Schwächen im Bereich der metakognitiven Steuerung

Die gleichzeitige Bearbeitung von zwei Dingen im Arbeitsspeicher (z. B. Strategie und Ausführung) gelingt nicht.

11. Analyse von Rechenfehlern

Anhand der Fehler in Rechenarbeiten lässt sich zeigen, wie das Kind bei der Aufgabenlösung vorgegangen ist. Dies lässt mögliche Beeinträchtigungen im mathematischen Denken erahnen. Denn jedes dyskalkulische Kind ist so einzigartig wie seine Rechenschwäche.

11.1 Typische Rechenfehler (nach Schwarz, 1999)

11.1.1 Defizite im Umgang mit der Zahl

Zahlenschreiben und Zahlenlesen

Hierfür spielt die Schreib- und Leserichtung eine große Rolle. Im deutschsprachigen Unterricht kommt es speziell im Bereich der Zehner und Einerstelle zu Problemen, da zuerst der Einer gesprochen, der Zehner aber zuerst geschrieben wird.

Folgende Fehler sind typisch:

- Seitenverkehrte Schreibweise einzelner Ziffern: aus 3 wird Schreibschrift E
- Verdrehung der Zahlen: aus 32 wird 23 (Schreibweise richtet sich nach Sprechweise)
- Lautgetreues Schreiben der Zahlen: 700080055 statt 7855
- Ähnliche Zahlenbilder werden vertauscht: aus 9 wird 6, aus 6 wird 8

Zahlvorstellung

Vielen Kindern sind die Zahlen in ihrer Reihenfolge klar (Ordinalzahl), die Zahl als Mengensymbol (Kardinalzahl) ist ihnen allerdings kein Begriff.

Folgende Fehler sind typisch:

- Verwendung der Kardinalzahl ohne Vorstellung der Mächtigkeit
- Keine simultane Erfassung des Zahlenbereiches bis 5
- Keine Gliederungsfähigkeit der Zahlen im Bereich bis 10 (7 = 1+6; 2+5; 3+4; 4+3, 5+2; 6+1)
- Kein spontanes Ergänzen auf 10 möglich (5/5, 3/7, 4/6 usw.)

Zahlenreihe

Können Kinder nicht zählen, kommt es häufig auch zu Rhythmusproblemen.

In schweren Fällen treten folgende Fehler häufig auf:

- Fehler beim Vorwärtszählen
- Fehler beim Rückwärtszählen
- Bei zweistelligen Zahlen ist das Weiterzählen nicht möglich
- Vor- und nachherige Zahl ist – speziell ab dem zweistelligen Bereich – kaum benennbar

- Verwendung der Zahlen ohne Verknüpfung der Zahlenraumposition

Stellenwertsystem

Wird vom Kind der Aufbau des Dekadensystemes nicht verstanden, bleibt auch das Stellenwertsystem unverstanden. Dass jede Zahl, je nach Stellung im System, einen unterschiedlichen Wert hat, kann nicht begriffen werden.

Folgende Probleme sind typisch:

- Schwierigkeiten beim Bestimmen der Nachbarzahlen
- Probleme beim Übergang von 10 auf 100 auf 1000. (typisch: 199+1=1000)
- Vollzug von Analogieschlüssen (1+4=5; 10+40=50) ist nicht möglich
- Verdrehen der Ziffern bei mehrstelligen Zahlen
- Willkürliches Rechnen mit Ziffern verschiedenen Stellenwertes

11.1.2 Defizite im Umgang mit Rechenoperationen

Wie bereits geschildert, hat ein dyskalkulisches Kind Schwierigkeiten, sich eine Zahl vorzustellen, sie einer konkreten Menge zuzuordnen oder sie simultan zu erfassen. Diese Schwierigkeiten nehmen zu, wenn das bisher zumindest noch stabile Zahlenbild auf einmal verändert werden soll. Oft wird dieser Vorgang dann auch noch auf der Basis der Vorstellung verlangt! Bei dieser Veränderung der Zahlenbilder müssen auch noch bestimmte Regeln eingehalten werden. Schwarz beschreibt in diesem Zusammenhang in ihrem Buch „Rechenschwäche“ auch die für die einzelnen Grundrechenarten nötigen Voraussetzungen:

> Die Addition erfordert, dass zu einem vorgestellten Zahlenmengenbild ein weiteres hinzugedacht wird; beide zusammen müssen anschließend verglichen werden mit allen in der Erinnerung zur Verfügung stehenden Vorstellungsbildern, um herauszufinden, welchem die im Kopf zusammengefügten (zusammengedachten) Bilder gleichen.
> Bei der Subtraktion muss von einem Zahlen-(d.h. Mengen-)bild eine bestimmte Zahl (Menge) weggenommen und wiederum verglichen werden.
> Bei der Multiplikation wird zu einer definierten Ausgangszahl (Menge) die gleiche Zahl (Menge) mehrmals hinzugetan – und

wieder wird verglichen. Es handelt sich um die Vereinfachung einer mehrmaligen Addition.
Bei der Division wird von einer definierten Ausgangszahl die gleiche Zahl mehrmals weggenommen und verglichen. Es handelt sich um die Vereinfachung einer mehrmaligen Subtraktion (Schwarz, M. 1999).

11.1.3 Defizite im Bereich des Gedächtnisses

Wie schon in einem früheren Kapitel erwähnt, spielt das Gedächtnis eine große Rolle für das mathematische Arbeiten. Das auswendig gelernte Einmaleins oder das einfache Ergänzen auf die Zahl Zehn sind Schritte, die beim Lösen einer Rechenaufgabe sehr hilfreich sein können.

Typische Probleme:

- Unzureichendes Können des Einmaleins bzw. Einspluseins
- Vergessen der gestern noch beherrschten Zahlbeziehungen
- Probleme beim Zerlegen einer Zahl in zwei kleinere

11.2 Kompensationsmöglichkeiten

11.2.1 Zählendes Rechnen

Die Rechenaufgaben werden durchgehend durch Abzählen gelöst. Das braucht natürlich Zeit und ist gerade bei großen Zahlen sehr fehleranfällig. Oft werden die Finger verwendet. Reichen diese nicht mehr aus, zieht das Kind Striche oder zeichnet Punkte. Dieses Bedürfnis nach Hilfsmitteln wird in der Fachsprache als „Konkretismus“ bezeichnet.

11.2.2 Schreibweise der Rechenaufgabe

Für viele Kinder ist das Lösen einer Aufgabe, bei der die Angaben horizontal nebeneinander angeführt sind, schwerer, als wenn dieselben Angaben untereinander stehen. So werden vom Kind aus die Bestandteile einer Rechenoperation oft heimlich untereinander geschrieben.

11.2.3 Auswendiglernen

„Wenn die Bedeutung der Rechenhandlung verborgen bleibt, werden Operationen, ja ganze Operationsketten, einfach auswendig gelernt.“ (Schwarz, M. 1999).

11.3 „Lautes Denken“ für die Fehlersuche

Um der Fehlerquelle und somit auch einer möglichen Ursache der Rechenschwäche auf die Spur zu kommen, sollte den Kindern „lautes“ Denken erlaubt, bzw. sogar nahe gelegt werden. So ist es möglich, den Denk- und Lösungsvorgängen des Kindes zu folgen.
Die folgenden Beispiele sind dem Buch „Rechenschwäche was tun?“ von Krüll entnommen und zeigen wohl typische Lösungsfehler, die dyskalkulischen Kindern immer wieder passieren.
Fünf Kindern der 2. Schulstufe wurde die folgende Rechenaufgabe gestellt: 70 – 18 = ?

Die Kinder kamen auf folgende Lösungen:

Jörn:	70-18=62
Katrin:	70-18=68
Melanie:	70-18=88
Anne:	70-18=52
Kai:	70-18=53

Wie die Kinder auf die verschiedenen Lösungen kamen zeigte das „Laute Denken“. Beginnen wir mit der richtigen Antwort von Anne. „Ich ziehe zuerst den Zehner ab, dann habe ich 60; dann nehme ich noch 8 weg, das ergibt zwei-und-...-fünfzig“

Jörn rechnete anders: „70 minus 10 ergibt 60; 60 minus 8, das macht zwei-und-...sechzig!“
Auch er hat die Aufgabe in zwei Sprüngen gelöst, dabei auch ein richtiges Zwischenergebnis bekommen. Anschließend errechnete er auch die Einerstelle der Lösungszahl richtig; allerdings hat er die Zehnerstelle nicht mehr vermindert und das führte zur falschen Lösung.

Karin hat ebenfalls den ersten Schritt richtig gerechnet, dann aber die Rechenrichtung umgekehrt. „70 minus 10 ist 60; 60 plus(!) 8 ergibt achtundsechzig!“

Melanie hat das Rechenzeichen verwechselt oder nicht richtig wahrgenommen. Sie rechnet fälschlicherweise die gesamte Aufgabe als Addition. „70 und 10 sind 80 und 8 sind 88!“

Auch Kai löste den ersten Sprung richtig, musste dann allerdings mit den Fingern die 8 abzählen und verzählte sich dabei! „70 weniger 10 ist 60; 59, 58, 57, 56, 56, 55, 54, 53!

12. Wie sich Dyskalkulie noch äußern kann

12.1 Auffälliges bezogen auf den Körper

- Einnässen/Einkoten (allgemeine Blasen-/Darmfunktionsstörungen)
- Essstörungen (Erbrechen, Essgier, Essunlust)
- allgemeine motorische Unruhe
- motorische Ungeschicklichkeit (stolpert oft, wirft häufig etwas um, stößt an)
- Sprachstörungen (Stottern, Stammeln, Artikulationsstörungen)
- Schlafstörungen (Alpträume, Schwierigkeiten beim Einschlafen)
- Allergische Reaktionen (häufig Asthma, Neurodermitis)
- häufige Krankheitsanfälligkeit
- Vestibuläre Störungen (meidet Kletterturm, hohe Rutschen, Übelkeit beim Autofahren)
- Daumenlutschen
- Autoaggression (z.B.: Nägelbeißen, Hautbeißen)

12.2 Auffälligkeiten der Grundstimmung

- allgemeine Ängstlichkeit
- Furcht vor der Schule
- Wehleidigkeit
- Launenhaftigkeit
- gedrückte Stimmungslage wechselt mit Euphorie
- Suizidversuche
- Lachanfälle

12.3 Störung im Arbeitsbereich

- Starke Unsicherheit bei Veränderungen unter Zeitdruck
- Unselbstständigkeit (sucht oft Bestätigung)
- unfähig zu altersgemäßem Spiel
- „Ich kann das nicht“ – Haltung

- Tagträume
- geringes Durchhaltevermögen, ermüdet rasch
- vergesslich, zerstreut
- Konzentrationsstörungen
- auffällige Grob- und Feinmotorik, Sitzhaltung(?)
- Schulversagen im mathematischen Bereich
- Schulversagen in mehreren Fächern
- Versagen tritt nur in bestimmten Situationen auf (Prüfung, Schularbeit)
- Sprachstörungen (spricht undeutlich, schnell/langsam, gepresst, leise/laut, fragt häufig nach, Echolalie, benützt Füllwörter, Wortfindungsstörungen, Dysgrammatismus, verlangsamtes Aufgabenverständnis)
- Sprachverständnisprobleme (Gastarbeiterkinder)
- Umsetzen eines verbalen Auftrages in eine Handlung gelingt nur schwer
- Unflexibilität
- Nachklopfen eines Rhythmus ist sehr schwierig

12.4 Auffälligkeiten im Sozialverhalten

- Blickkontakt kann nur schwer gehalten werden
- Einordungsschwierigkeiten
- Geschwisterrivalität
- übertriebene Kontaktsuche oder Einzelgänger
- Streitsucht, Rauflust
- starke Aggressivität
- Brutalität (Tierquäler, Zerstörer)
- Schwindeleien, Lügen

B. Praktischer Teil

Ergotherapeutische Behandlungsmöglichkeiten

„... aber es wird als Erwachsener nicht sehr viel Geschicklichkeit entwickeln, wenn es als Kind nicht ausgiebig gespielt hat.!“

(Ayres, A.J. 1998)

Absender:

Name

Vorname

Beruf

Straße

PLZ/Ort

Ich benötige noch den Katalog:

O *Frühjahr*

O *Hauptkatalog*

Bitte freimachen

Antwort/
Postkarte

verlag modernes lernen
borgmann publishing

Hohe Straße 39

D - 44139 Dortmund

1. Grundlegende Überlegungen

In dieser Arbeit geht es um Kinder mit Problemen im mathematischen Denken. Die Ursache dafür liegt hauptsächlich im neuropsychologischen Bereich. Das bedeutet:

> Das Gehirn dieser Kinder verarbeitet Reize auf andere Art als das Gehirn von Kindern, die keine Teilleistungsschwächen haben. Die Leistungsfähigkeit ihres neurologischen Apparates kann nur dann optimal sein, wenn es auch die äußeren Bedingungen sind. Und zu diesen Bedingungen gehören auch der Gesundheits- und Ernährungszustand, die emotionale Verfassung, die Ausgeschlafenheit. (Milz, I. 1994).

Diese Aussage bestärkt mich in der Meinung, dass man auch mit dyskalkulischen Kindern ganzheitlich – also im Stile der Ergotherapie – arbeiten muss/soll. Deshalb ist es mir wichtig, dem rechenschwachen Kind nicht nur rein mathematische Zahlenspiele anzubieten, sondern Spiele, die Einfluss auf die einzelnen Sinne – und somit auch auf die basalen Voraussetzungen für das mathematische und kognitive Denken – nehmen.

Für ein besseres Verständnis der einzelnen Sinnesbereiche und ihrer Bedeutung für die Mathematik möchte ich diese anschließend kurz beschreiben.

Um mit dyskalkulischen Kindern arbeiten zu können, ist für mich auch das richtige Umfeld wichtig. Darum habe ich mir grundlegende Überlegungen zu Raum, Zeit und Material gemacht.

1.1 Der Raum

Jeder von uns kennt die Situation, in einer neuen Stadt, einer neuen Umgebung, in einem neuen Raum zu sein. Man fühlt sich unsicher, „klein", unbeholfen. Für mich ist es in diesem Fall zunächst wichtig, diese neue Umgebung zu erforschen und festzustellen: Wo bin ich und wo ist meine Umwelt? Einem Kind geht es wohl nicht anders. Kommt das Kind in ein neues Klassenzimmer oder zum ersten Mal in den Ergotherapieraum, soll es die Möglichkeit haben sich umzusehen, auf Entdeckungsreise zu gehen und einfach dasein zu dürfen. Hier gilt es, dem Kind eine im Sinne Montessoris „vorbereitete Umgebung" zu bieten, in der es lernen, sich aber auch wohlfühlen kann.

Wichtig sind dabei für mich:

- Ruhe
- Ordnung/Übersicht
- Licht
- Gemütlichkeit

1.2 Die Zeit

Zeitlimits setzen jeden Menschen immer wieder unter Druck. Für viele ist dieser Druck notwendig, um konstruktiv arbeiten zu können. Aber wenn einem Kind gleichsam die Zeit wie Sand durch die Finger rinnt und vom gewünschten Endergebnis keine Spur vorhanden ist? Dann kommt Nervosität auf und das Arbeiten gelingt erst recht nicht. So oder ähnlich geht es wohl einem dyskalkulischen Kind im Mathematikunterricht. Lernkontrollen sind wirklich nötig, allerdings könnte doch für rechenschwache Schüler der Zeitdruck etwas reduziert werden, indem man ihnen einfach weniger Aufgaben vorlegt. Somit hätte das Kind mehr Zeit für die einzelnen Aufgaben und weniger Zeitdruck. Arbeiten nach dem Motto: „Weniger ist mehr", wird zu mehr Erfolg und damit auch zu lustbetonterem Arbeiten führen.

1.3 Das Material

Bunt, vielfältig und eine Riesenauswahl an Spielen; das lässt ein Kinderherz höher schlagen. „Aber womit anfangen zu spielen? Was zuerst und was zum Schluss? Vielleicht das oder doch zuerst das?" Dieser imaginäre Dialog zeigt wohl deutlich, dass hierbei kaum ein konstruktives Spiel entstehen wird. Ein Kind mit Dyskalkulie wird durch eine große Anzahl von Material irritiert. Darum ist Ordnung und gute Strukturierung in allen Bereichen des Kindes wichtig.

Als Material möchte ich auch die menschliche Stimme anführen. Klare, strukturierte und kurze Anweisungen können ein rechenschwaches Kind unterstützen und zum Ziel führen.

Somit gilt auch für diesen Punkt: „Weniger ist mehr."

Meine (ergotherapeutische) Spielesammlung habe ich nach den vier Entwicklungsstufen des mathematischen Denkens nach Grissemann und Weber gegliedert, welches bereits im ersten Teil ausführlich beschrieben wurde. Dies erschien mir sinnvoll, da ich als Ergotherapeutin gezielt an den Entwicklungsstufen – in diesem Fall – des dyskalkulischen Kindes ansetzen möchte.

Um dieses Entwicklungsmodell wieder ins Gedächtnis zu rufen, wird vor jedem Abschnitt die jeweilige Entwicklungsstufe des mathematischen Denkens noch einmal kurz erklärt.

Altersangaben fehlen, da jedes Kind individuell zu fördern ist. Allerdings gilt es zu berücksichtigen, dass Spiele mit „10er-Überschreitungen“ (z.B. bei Rechnungen wie 5+7=12) erst für Kinder zwischen 6 und 7 Jahren sinnvoll sind.

Vorweg noch eine kurze Erklärung zur Einteilung meiner Spieleranzahl:

- Einzelspiele .... das Kind arbeitet allein, evtl. mit Erwachsenem
- Partnerspiele .... zwei Kinder spielen miteinander
- Kleingruppenspiele.. ca. 3-6 Spieler
- Gruppenspiele.......... ca. 6-10 Spieler
- Großgruppenspiele .. ab 10 Spieler

2. Die Sinnesbereiche

Damit bei den ausgewählten Spielen die Schulung der jeweiligen Sinne verdeutlicht wird, habe ich jedem *Sinnesbereich ein Symbol zugeordnet.*

2.1 Die taktile Wahrnehmung

Die *Haut* ist unser größtes Sinnesorgan. Sie nimmt Berührung, Druck, Oberflächenbeschaffenheit, Hitze oder Kälte und auch Schmerzen wahr.
Die Haut ist auch unser erstes sensorisches System. Ein Embryo kann ab der fünften Woche über dieses Sinnesorgan verfügen. Die ersten Empfindungen und Erfahrungen nehmen wir über die Haut auf. Vielfältige Berührung ist notwendig, damit das Kind seinen Körper und die Außenwelt wahrnehmen kann.

Alle Berührungen gehen sozusagen „ unter die Haut“. und sorgen für die erste Orientierung. Man hat herausgefunden, dass dieser Spürsinn auch für das Gefühlsleben ungeahnte Bedeutung hat. Kinder müssen Zuneigung hautnah spüren, damit sie Vertrauen und Gefühlsbindung entwickeln können. Liebkosungen schaffen Rückhalt und Sicherheit, das Kind fühlt sich angenommen. (Ross, G. 1995).

Mit dieser Basis ist es Kindern möglich, zu experimentieren, Fehler zu machen und schließlich zum Erfolg zu kommen.

Man unterscheidet den
- Berührungssinn
- Tastsinn

2.2 Das vestibuläre System

Dieses System ist zuständig für das Gleichgewicht unseres Körpers, das reflektorisch durch die aufrechte Kopf- und Körperhaltung reguliert wird.

Ein selbstständiger Mensch steht „mit beiden Beinen am Boden", er ist „nicht aus dem Gleichgewicht zu bringen". Der Gleichgewichtssinn lenkt für uns so selbstverständliche Dinge wie das Gehen, Stehen und Sitzen. Außerdem bildet er auch eine Grundlage für die Fähigkeiten, die jedes Schulkind mitbringen muss: *Aufmerksamkeit, still Sitzen, usw.* Müsste sich das Kind ständig auf die Erhaltung seines Gleichgewichtes konzentrieren, wäre es damit ausreichend beschäftigt und könnte dem Unterricht nicht folgen (nach Ross, G. 1995).

Folgende Bewegungen stimulieren und fördern dieses System:

- Auf- und Abbewegungen in der Senkrechten
- Vor- und Zurückbewegungen in der Waagerechten
- Körperlängsachsen- und Querachsendrehungen
- Karussell- und Schleuderbewegungen
- Balancierübungen

2.3 Das propriozeptive System

Hierbei handelt es sich um die Empfindungen, die von Sinnesrezeptoren in den Muskeln und Gelenken dem Gehirn zugeleitet werden. Die Eigenwahrnehmung vermittelt dem Gehirn, wann und in welchem Umfang sich Muskeln zusammenziehen oder strecken und wann und in welchem Ausmaß sich Gelenke beugen, strecken oder gezogen resp. gedrückt werden. Die Propriozeption ermöglicht dem Gehirn, in jedem Augenblick zu erkennen, wo jeder Körperteil sich befindet und wie er sich bewegt (nach Ayres, A.J. 1998).

2.4 Die Körperwahrnehmung (Körperschema)

Das Körperschema wird von Jean Ayres mit einer Landkarte des Körpers verglichen.

Beim Herumtoben fühlt das Kind den Einfluss der Schwerkraft, es fühlt die verschiedenen Teile des Körpers sich bewegen und wie sie untereinander zusammenwirken, es fühlt auch die Grenzen dessen, was sie nicht tun können. Es fühlt was ihm guttut, was verletzt und was unbequem wirkt! (Ayres, A.J. 1998)

Das Körperschema bietet dem Kind die Erkenntnis, dass sein Körper eine *Mittellinie* hat und von dieser Mittellinie ausgehend zwei Seiten. Jede Seite kann sich allein bewegen, aber auch *das bewusste Zusammenspiel beider Seiten* ist (gleichzeitig) möglich. Ebenso kann die imaginäre *Mittellinie überkreuzt* werden (rechte Hand malt auf linker Seite, usw.). Gelingt dies, ist ein wesentlicher Entwicklungsschritt getan. Deutlich wird dies dann auf Zeichnungen, wenn das Kind *diagonale Linien und Kreuze ziehen* kann (nach Miske-Flemming, D. 1996).

> Störungen des Körperschemas (...) kommen in falschen Bewegungsmustern eines Kindes zum Ausdruck, besonders in Bewegungen, bei denen die Mittellinie des Körpers überkreuzt werden muss und die ein großes Koordinationsvermögen erfordern. (... .) Ein anderes Symptom ist die Unfähigkeit, gewisse Körperteile willentlich zu bewegen. (... .) Störungen des Körperschemas umfassen ebenso Störungen der *Rechts-Links-Orientierung* im Raum und an sich selbst (Miske-Flemming, D. 1996).

2.5 Visuelle Wahrnehmung

Ein tragendes Informationsorgan des Menschen ist das Auge. Dass ein intaktes Sehvermögen, ein intakter Sehvorgang, die Grundvoraussetzung für die visuelle Wahrnehmung darstellt, liegt auf der Hand. Aber auch die *Koordination unserer Bewegungen* basiert auf dieser Funktion. Beobachten Sie einmal das Augenpaar ihres Gegenübers. Schnelligkeit und großes Bewegungsausmaß in jede Richtung sind einem normal funktionierenden Auge eigen. Wäre diese Beweglichkeit eingeschränkt, könnte der Mensch nie das ganze Ausmaß einer Information wahrnehmen.

Früher war diese Fähigkeit für das Überleben in der freien Natur nötig. Es galt die Gegebenheiten einer Höhle, die Weite eines Feldes, die Höhe eines Baumes abzuschätzen, um bei einem eventuellen Angriff eines wilden Tieres schnell handeln zu können (Wie schnell muss ich klettern, damit ich rechtzeitig die Baumkrone erreiche?). Wilde Tiere bedrohen uns im Alltag zwar wenige, dennoch ist die Verbindung zwischen Auge und mathematischem Denken (*Räumliches Denken, Innere Vorstellung,* usw.) gegeben.

Sehen funktioniert nur dann, wenn das motorische Aktionssystem der Augenmuskeln als auch des optischen Apparates von Linse und Netzhaut regelgerecht funktionieren.

> (...) Die Richtung in die das Auge blickt, bestimmt die visuelle Information. Eine statische Informationsquelle kann fixiert werden, während eine sich bewegende Zielquelle gleichmäßig und kontinuierlich verfolgt wird. Das Muskelsystem der Augenkontrolle ist sehr kompliziert. Zwei separate Systeme, rechtes und linkes Auge müssen in ihren Bewegungen übereinstimmen. Zudem müssen drei Muskelpaare beim einzelnen Auge perfekt aufeinander abgestimmt sein, da sonst die Augen nicht geschmeidig einem Gegenstand folgen können. (Gärtner, S., in Milz 1994).

Ganz kurz noch einmal die *fünf Subpunkte der visuellen Wahrnehmung* nach Frostig, die ja bereits in meinem theoretischen Teil ausführlich auf ihre mathematische Bedeutung hin beleuchtet wurden.

- **Visuomotorische Koordination:**
  Hier handelt es sich um das Zusammenspiel von Bewegungen der Augen und Hände, das unerlässlich in unserem alltäglichen Leben ist. Denn kaum eine Tätigkeit kann ohne diese Wahrnehmungsleistung durchgeführt werden.

- **Figur-Grund-Wahrnehmung:**
  Das Erkennen von einzelnen Gegenständen bzw. geometrischen Formen auf zunehmend komplexeren Hintergründen bildet hier den Schwerpunkt.

- **Formkonstanz:**
  Mit dieser Wahrnehmungsleistung ist es uns möglich, gleiche Dinge, die sich zwar in Form, Farbe, Größe und Eigenschaft unterscheiden können, als das Selbe zu erkennen (z.B. Uhren: Armband-, Wanduhr).

- **Erkennen der Lage im Raum:**

  „definiert als die Wahrnehmung der Beziehung eines Gegenstandes zum Beobachter. Zumindest, räumlich gesehen, ist der Mensch immer Mittelpunkt seiner eigenen Welt und er nimmt die Gegenstände als hinter, vor, über, unter oder neben sich wahr." (Frostig/Müller, 1981).

- **Erfassen von räumlichen Beziehungen:**

  Anordnungen, Beziehungen und Reihenfolgen stehen hier im Mittelpunkt. Das Wahrnehmen und Beobachten der Stellung von zwei oder mehreren Objekten im Verhältnis zu sich selbst bzw. zueinander. Es besteht eine enge Verbindung zur Raumlage.

2.6 Auditive Wahrnehmung

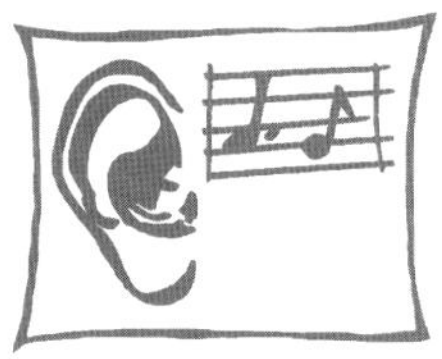

Das Hören gehört zu den ersten Sinnen des Menschen, denn es entwickelt sich schon früh im Mutterleib. Ungeborene reagieren auf Geräusche und auf Musik. Obwohl das Kind bereits mit einem gut angelegten Gehör auf die Welt kommt, muss das Hören erst gelernt werden: das *Unterscheiden von Geräuschen,* das Erkennen der *Richtung*, aus der das Geräusch kommt, die *Bedeutung eines Geräusches* usw. Zudem müssen die Ohren auch auswählen können, *welche Information im Moment wichtig* ist und welche eher „Geräuschkulisse" bleiben soll.

Stellen Sie sich vor, Sie stehen an einer belebten Straßenkreuzung und sprechen mit jemandem. Sie nehmen das Quietschen von Autobremsen, das Knarren eines Mopeds, das Bimmeln der Straßenbahn, das Vorbeieilen der Passanten – viele verschiedene Geräusche, die auf sie einwirken, wahr.
Würde aber jedes dieser Geräusche gleichermaßen auf Sie einwirken, Sie müssten wohl verrückt werden.
Mit einem gut geschulten Ohr gelingt es Ihnen, das Gespräch mit einem anderen in den akustischen Vordergrund zu stellen und den Straßenlärm im Hintergrund zu halten.

Speziell für das *schulische Lernen* des Kindes ist natürlich das Hörgedächtnis wichtig.

Sprechen und Hören hängen eng zusammen. Die Sprache wird zuerst über das Gehör gelernt (dass Gehörlose natürlich große Mühe haben, sprechen zu lernen, ist offensichtlich). Wenn also das Hören geübt wird, wird auch viel für die Sprache getan. Wie wesentlich die Sprache für die Entwicklung des mathematischen Denkens ist, wurde ja im ersten Teil meiner Arbeit beschrieben.

2.7 Gustatorische Wahrnehmung

Bereits im ersten Monat hat der Säugling einen sehr gut ausgeprägten Geschmackssinn.

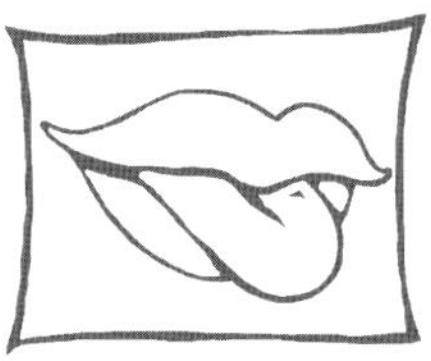

Die Sinneszellen für die verschiedenen Geschmackswahrnehmungen liegen (...) in sogenannten Geschmacksknospen (... .). Die vier Geschmacksqualitäten (süß, sauer, salzig und bitter) werden in verschiedenen Regionen der Zunge wahrgenommen und wahrscheinlich auch durch unterschiedliche Rezeptoren in den einzelnen Geschmacksknospen registriert. Sauer wird besonders an den seitlichen Zungenrändern wahrgenommen, salzig an den Rändern und der Zungenspitze, bitter am Zungengrund und süß vor allem an der Zungenspitze (Faller, A. 1995).

Im Kleinkindalter nuckeln die Kinder am Schnuller und stecken alles in den Mund, was sie in die Finger bekommen. Mit der Zeit kommen sie dann im wahrsten Sinnes des Wortes „auf den Geschmack". Sie entdecken, dass man Steine nicht essen kann, dass Erde und Sand nicht gut schmecken und finden ihre Lieblingsspeise.
Auf dieser Entdeckungsreise erfährt das Kind auf neue und spannende Weise die unterschiedlichsten Formen (oval, eckig, spitzig, usw.), Konsistenzen (Eiszapfen schmelzen im Mund, trockener Sand zerfällt, usw.) und natürlich kann es auch Mengen neu „begreifen". Diese Erfahrungen bilden wiederum eine weitere Vertiefung von mathematischen Begriffen.
Essen und alles, was mit dem Mund zu tun hat, entwickelt sich mehr und mehr zum genussvollen Erlebnis (nach Ross, G. 1995).
Achten Sie jedoch bei diesen Spielen stets darauf, ob die Mitspieler eventuell an Allergien, Fruktoseintoleranz oder Diabetes leiden!

3. Praktische Anwendungen

– Ergotherapeutische Spielesammlung zur Förderung von Kindern mit der Diagnose „Dyskalkulie“

3.1 Das konkrete Handeln mit Gegenständen (und dem Körper)

In dieser Entwicklungsstufe sind das Tun und Handeln vorrangig. Bereits das Kleinkind arbeitet mit mathematischen Vorbegriffen, ohne dass man sich dessen bewusst ist, da für uns die Mathematik oft sehr abstrakt und immer nur mit Zahlen und Formeln verbunden ist. Aber die Begriffe „weniger“ und „mehr“, „groß“ und „klein“, oder auch das Ordnen, Strukturieren und Teilen von Mengen sind konkret erlebte Mathematik. Das Kindergartenkind zeigt sein Alter mit Hilfe seiner Finger an und benützt so den Körper als Medium. Die basalen Erfahrungen, die wir zum Leben benötigen, machen wir mit unserem eigenen Körper. Darum darf und soll der Körper die Basis für das mathematische Denken bilden dürfen. Das Arbeiten mit dreidimensionalen Gegenständen und Körpern ermöglicht dem Kind das Erfassen und Verinnerlichen der Strukturen und ist somit bereit, den nächsten Schritt zu gehen.

Spiele für die 1. Entwicklungsstufe:

„Zahlenhören“
„Tastschaukel“
„Murmelrennen“
„Basketball im Liegen“
„Familien“
„Figuren gehen“
„Wozu sind meine Hände da?“
„Spuren im Schnee“
„Welche Hand fasst mehr?“
„Die Körperuhr“
„Wäscheklammerdiebe“

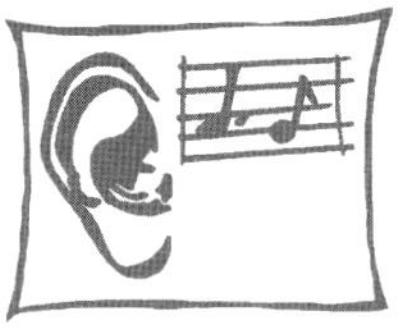

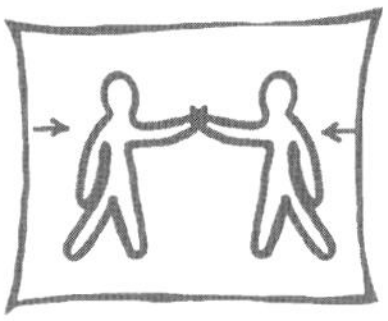

„Zahlenhören“

Einzelspiel

Material: Trampolin, dicke Matte oder Matratzen

Vor dem Trampolin wird die dicke Matte aufgelegt, damit man gut vom Trampolin springen kann.
Das Kind und der Therapeut vereinbaren eine bestimmte Zahl, z.B.: „5“. Das Kind springt nun am Trampolin, während der Erwachsene verschiedene Zahlen vor sich hersagt. Sobald das Kind die ausgemachte Zahl, oder diese in einer größeren **Zahl** (5, 52, 75, 15, ...) **hört**, soll es im Trampolinsprung auf die Matte springen.

„Tastschaukel“

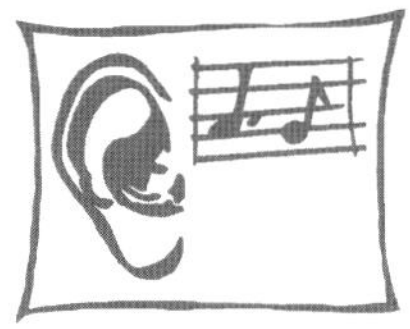

Einzelspiel

Material: Hängematte, verschiedene Alltagsgegenstände des Kindes (z.B. Bleistift, Radiergummi, Spitzer, Löffel, Hausschuh), Augenbinde

Das Kind hat die Augen verbunden und schaukelt in der Hängematte und ertastet einen Gegenstand. Der Erwachsene bietet ihm anschließend verschiedene Gegenstände zum Betasten, **Vergleichen** und **Differenzieren** an. Das Kind soll den ersten Gegenstand **wiedererkennen**.

Um die Spannung und die Motivation des Kindes zu steigern, können sich die Vergleichsgegenstände nach mehrmaligem Spielen immer mehr ähneln.

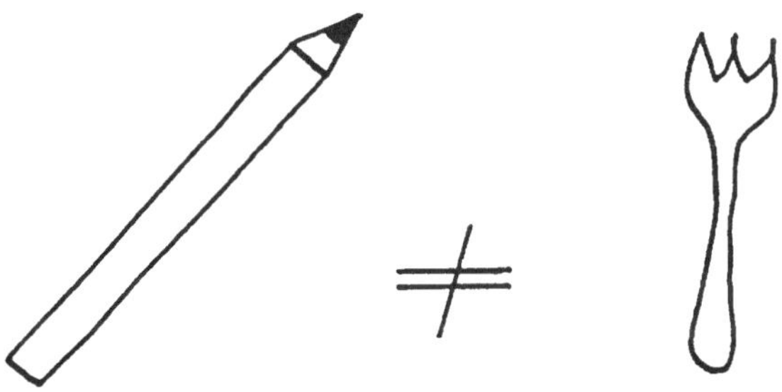

„Murmelrennen“

Einzelspiel

Material: zwei unterschiedlich große Murmeln, Reifen oder Handtrommel, glatter Fußboden

Die Murmeln werden in den Reifen oder die Handtrommel gelegt. Dieser/diese wird nun am Boden **kreisförmig** bewegt. Die **große** Murmel soll die **kleinere** einholen. Gelingt es?

Kann das Kind den Reifen, die Trommel in eine rhythmische Bewegung versetzen?

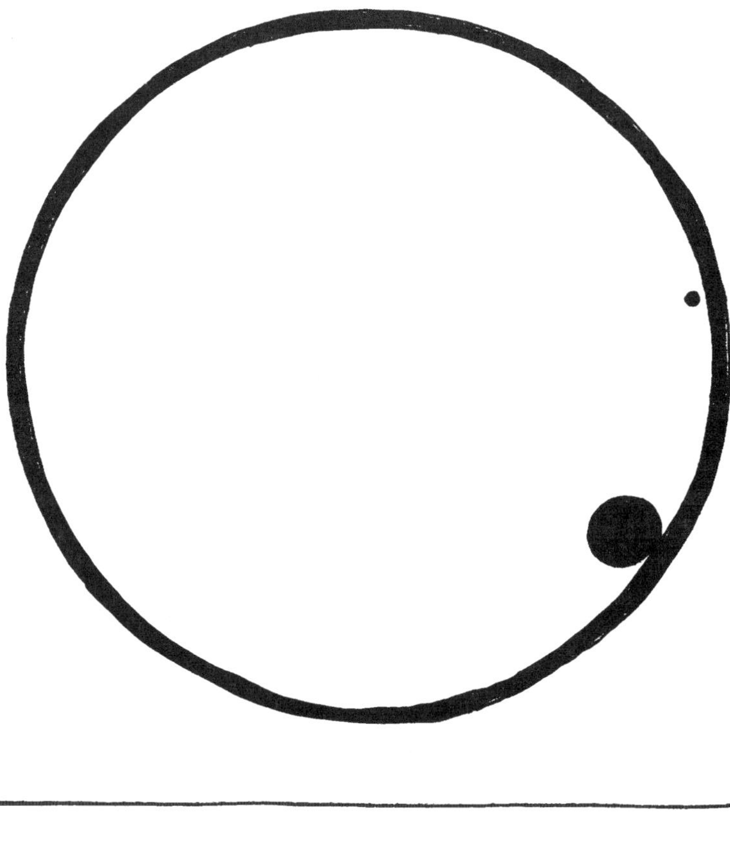

„Basketball im Liegen“

Partnerspiel

Material: Korb, mehrere (gleich viele) Luftballons in zwei Farben, 2 Rollbretter, Eieruhr, Tesaband

Die beiden Kinder liegen bäuchlings auf ihren Rollbrettern und haben vor sich jeweils eine bestimmte **Menge** Luftballons in der gleichen Farbe. In der **Mitte des Raumes** steht ein Korb und in ca. 40 cm Abstand befindet sich um den Korb eine Tesa-Markierungslinie, die nicht überfahren werden darf. Nun gilt es die Luftballons so schnell wie möglich in den Korb zu werfen; denn nach **ca. 1 Minute** läutet die Eieruhr. Welcher Spieler hat mehr, und welcher **weniger** Luftballons in den Korb bekommen?

Bei diesem Spiel richtet sich die Zeit nach der Ausdauer und Geschicklichkeit der Kinder, sowie der Anzahl der Luftballons.

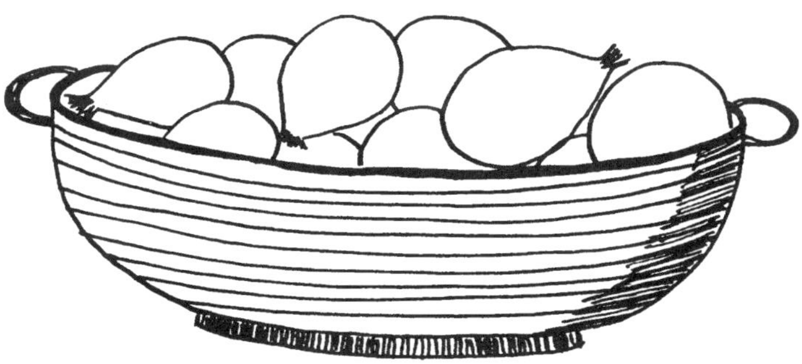

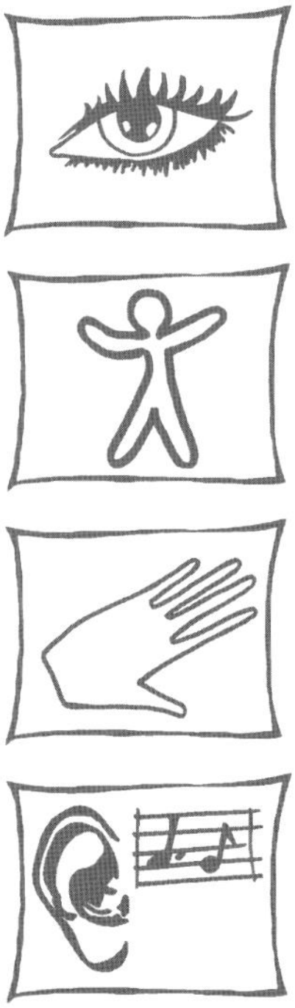

„Familien“

Einzelspiel

Material: verschiedenste Gegenstände in drei Größen (im Therapieraum), Tuch

Das Kind erhält vom Ergotherapeuten den Auftrag, 5 verschiedene Familien **(Mengen)** zu finden. Jede Familie soll aus einem Vater **(groß)**, einer Mutter **(mittelgroß)** und einem Kind **(klein)** bestehen. So finden sich im Therapieraum z.B. Familie Ball, Familie Buntstift, Familie Bild, usw. Die Familien sollen unter sich auf das Tuch in der **Raummitte** gruppiert werden.

Im Anschluss an die Familiensuche könnten sich vielleicht die Mütter zu einem Kaffeeklatsch, die Väter zu einer Fußballnacht oder die Kinder sich zum Hausaufgaben machen treffen.

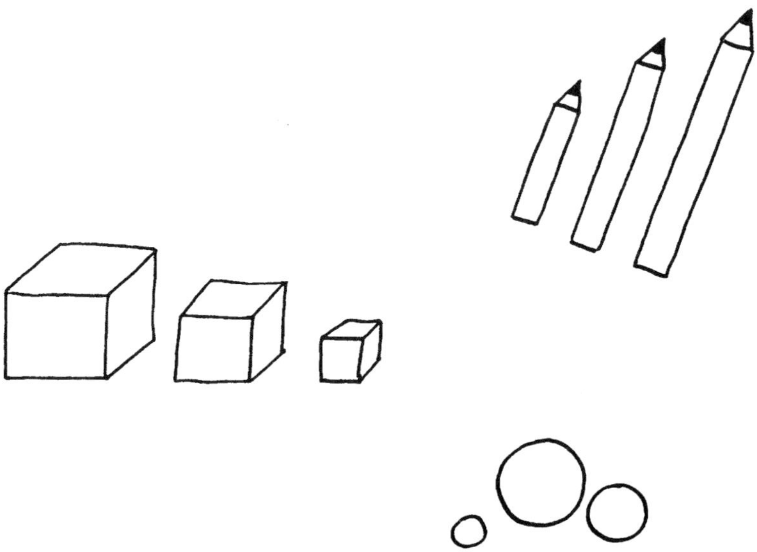

„Figuren gehen“

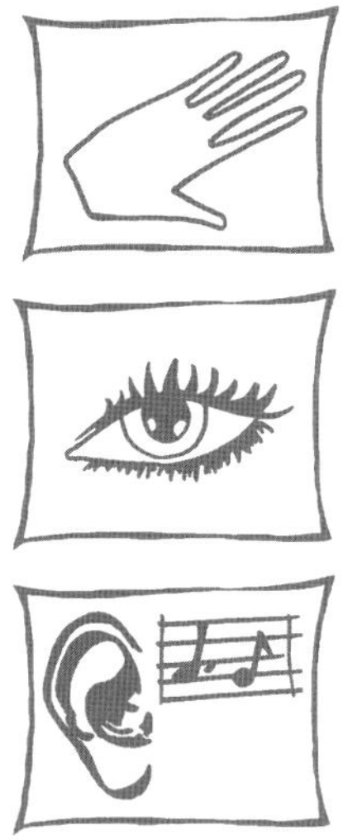

Einzelspiel

Material: großes Tuch, verschiedene Formen (Reifen, Schachtel, Triangel, usw.), Knetmasse

Unter dem Tuch wird jeweils eine **Form** versteckt. Diese begreift das Kind und soll sie zuerst **im Raum nachgehen** und dann aus Knetmasse nachformen.

*Auch das Legen und Formen von **Zahlen** ist natürlich möglich!*

„Wozu sind meine Hände da“

Gruppenspiel

Material: Lied (siehe Anhang), verschiedene Gegenstände liegen schon **geordnet** und vorbereitet auf einem Tisch

Die Kinder stehen in einem „schönen“ **Kreis** und gemeinsam wird das Lied gesungen. Die Handlungen ergeben sich aus dem Liedtext.

zum Kämmen .... Kamm
zum Klatschen .... ohne Material
zum Schreiben .... Stifte
zum Zählen .... ohne Material
zum Kochen .... Kochlöffel
zum Schuhebinden ..... Schuhbänder

usw.

Gelingt dem Kind die Koordination des Körpers bzw. zwischen Bewegung und Liedtext?

„Spuren im Schnee“

Gruppenspiel

Material: Schnee, Schianzug,

Gut angezogen geht’s hinaus in den Schnee. Wir lassen uns **rückwärts** in den Schnee fallen. Wir versuchen unseren Körper zu spüren; wie **groß** sind wir? Können wir unseren **persönlichen Raum vergrößern,** wenn wir die Arme nach oben schlagen oder die Beine spreizen?

*Als mathematische Erweiterung kann man den **Umfang** abgehen / abmessen lassen. Welcher Umfang ist größer? Wie viele Schritte bzw. Zentimeter ist dein Umfang größer als meiner? usw.*

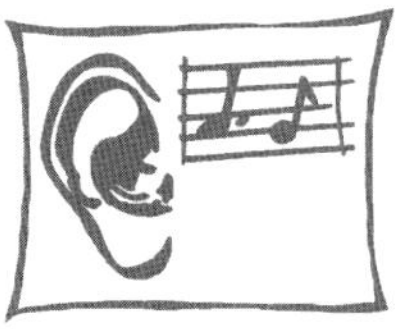

„Welche Hand fasst mehr?“

Einzelspiel

Material: Stoffsäcke mit unterschiedlicher Anzahl von Eicheln, Kastanien, usw. gefüllt, Augenbinde

Das Kind hat die Augen verbunden und greift mit beiden Händen in den Stoffsack. Durch Fühlen soll es erfahren, in welcher Hand es die **größere Menge** hält. Dann wird die Augenbinde abgenommen und **nachgezählt.**

Wie empfindet das Kind die verschiedenen Strukturen der Materialien? Kann es damit arbeiten? Der Ergotherapeut sollte sich hier auch nach dem Empfinden des Kindes richten. Bevorzugt es eher glatte ***Strukturen****, so sollte er eher mit Murmeln, Muggelsteinen, Haselnüssen, usw. arbeiten, um dem Kind die Möglichkeit zu geben, sich auf das* ***Erfassen der Menge*** *einzulassen.*

„Die Körperuhr“

Gruppenspiel
Material: –

Die Kinder stehen im **Kreis.** Der Ergotherapeut zeigt, wie man mit beiden Armen die **Uhrzeiten (12 Uhr, 3 Uhr, 6 Uhr, 9 Uhr)** darstellen kann. Ein Kind wird ausgewählt, und stellt sich in den Kreis. Nun stellt es eine Uhrzeit dar, die die Gruppe erraten soll.

Da beide Arme gleich lang sind, kann es zu Diskussionen kommen, da die Zeiger der Uhr ***unterschiedlich lang*** *sind!. Aber mit einem Lineal, einem Stift oder Stock kann der Minutenzeiger gleich verlängert werden.*

„Wäscheklammerdiebe“

Gruppenspiel
Material: Wäscheklammern

Die Kinder klammern sich nach Anweisung Wäscheklammern an die Kleidungsstücke (z.B. an die **linke** Schulter, **rechten** Unterarm, rechtes Knie, usw.). Auf Kommando muss jedes Kind versuchen die Wäscheklammer vom genannten Körperteil bei den anderen zu klauen und sich selber an die jeweilige Stelle zu klammern.
Wer keine Klammern mehr hat, scheidet aus. Wer hat am Ende **am meisten**, wer **am wenigsten** Klammern? Welche Spieler haben **gleich viele**?

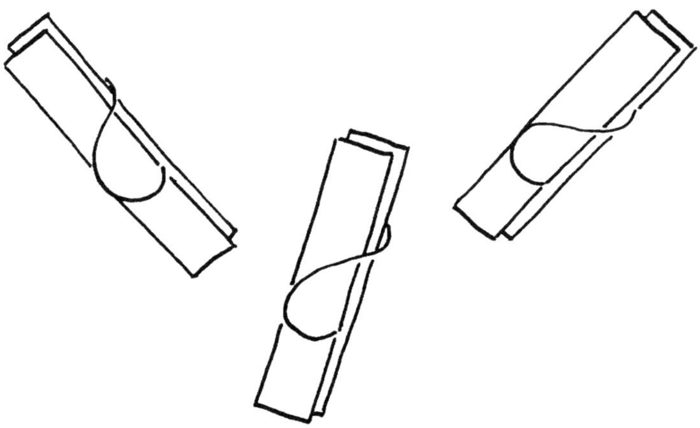

3.2 Die bildliche Darstellung mit grafischen Zeichen und Markierungshilfen

Das Kind hat die nächste Stufe erreicht, wenn es den dreidimensionalen Gegenstand zweidimensional darstellen kann, also auf dem Papier. Die graphische Darstellung seines Tuns steht im Vordergrund. Das Schulkind ist somit in der Lage z.B. mit den aufgezeichneten Apfelmengen zu rechnen. Es verschiebt Mengenplättchen, beginnt mit Symbolen, Zahlen und den mathematischen Grundzeichen (+, -, :, x) zu experimentieren, sich mit ihnen vertraut zu machen und sich auch entsprechend einzusetzen; jedoch immer noch in Verbindung mit konkretem Material. Langsam entwickelt sich dann die Fähigkeit, sein Tun auch zu verbalisieren. Das Kind sagt „plus", „minus" oder auch „ist gleich" und hat somit einen entscheidenden Schritt Richtung Abstraktion getätigt.

Spiele für die 2. Entwicklungsstufe:

„Immer die 10!"
„Bildgeschichten"
„Unsere kleine Maiskornsammlung"
„Was war das jetzt?"
„Knopflauf"
„Formensuchen"
„Ich mal etwas was du nur spürst!"
„Minus- und Plusaufgaben kegeln"
„Sortierer"
„Irgendetwas fehlt immer!"

„Immer die 10!“

Großgruppenspiel

Material: große Zahlenkarten zum Umhängen im Zahlenraum 1 bis 20, Tafel und Kreide

Zehn Kinder tragen jeweils eine Zahlenkarte um den Hals. Das Kind mit der Nummer 10 steht auf, sodass es von jedem gesehen werden kann. Eines der Kinder ohne Zahlenkarte sucht sich zwei Kinder aus, deren Schilder „10“ ergeben, z.B. „2“ und „8“. Diese beiden Kinder stellen sich zur Zehn und die Gruppe muss nun erraten, ob es sich um eine Plusaufgabe oder eine Minusaufgabe handelt.
Das Kind, das die Rechenaufgabe zusammengestellt hat, darf sie auf die Tafel schreiben.

„Bildgeschichten“

Einzelspiel

Material: Tonne, Bildgeschichte , Zahlenplättchen (1- je nachdem wie viele Bilder!)

Am Boden liegen in einer auseinander gezogenen Reihe die Bilder einer Geschichte. Allerdings stimmt die **Reihenfolge** nicht. Das Kind erhält nun **Zahlenplättchen** und **nummeriert** die Geschichte richtig. Dabei darf es sich nur in der Tonne fortbewegen.

Anstelle der Tonne kann sich das Kind auch ohne Hilfsmittel um die eigene Achse rollend fortbewegen (= vestibuläre Stimulation).

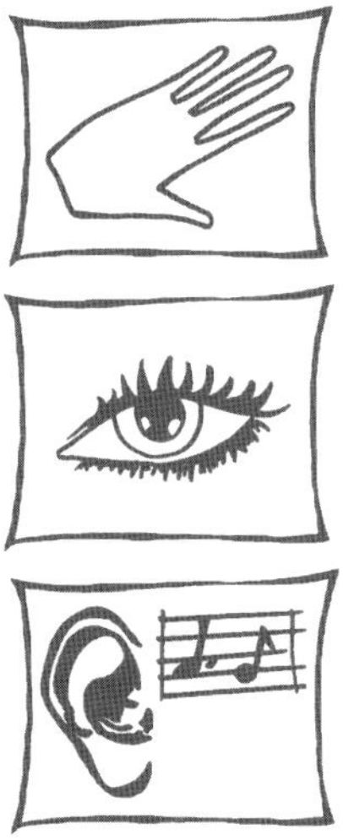

„Unsere kleine Maiskornsammlung“

Kleingruppenspiel

Material: pro Kind: 10 Maiskörner, zwei „Schubladen“ von Streichholzschachteln, **Zahlenkärtchen**, mehrere **Plus- und Minuskärtchen**, pro Gruppe 1 Maisschale

Die Kinder finden sich in Gruppen zu max. 4 Spielern zusammen. Jede Gruppe hat ihre Maisschale und jedes Kind verfügt über seine beiden „Schubladen“. Nun soll sich jedes Kind einige Maiskörner aus der Schale holen und in seine Schachteln füllen. Jetzt müssen die **Mengen** umgeordnet werden.

Es darf immer nur ein Kind **umordnen**. Dabei gilt, dass es aus einem seiner Behälter einige Körner nimmt und sie in den Behälter eines anderen Kindes gibt.

Parallel zu jeder Handlung wird die Umordnung mit Hilfe der Zahlenkärtchen in einer **Rechenaufgabe** ausgedrückt.

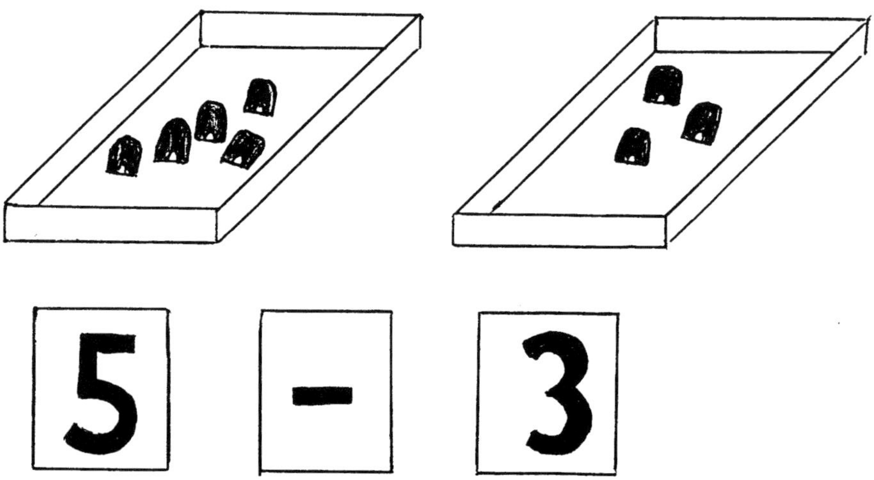

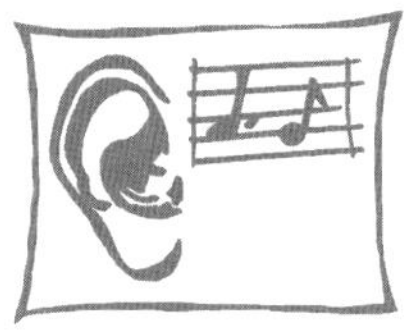

„Was war das jetzt?“

Einzelspiel

Material: jeweils 2 gleiche Lebensmittel: Rosinen, Erdnüsse, Zitronenscheiben, Apfelspalten, Ribisel, Schokolade, Milch, Wasser, usw., Symbolkärtchen mit der jeweiligen Kostprobe, Zahlenkärtchen, mehrere „plus“- und „ist gleich“-Kärtchen, Augenbinde

Der Ergotherapeut gibt dem Kind, das die Augen verschlossen hat, eine Kostprobe. Nun öffnet das Kind die Augen und sucht aus den Kostproben auf dem Tisch die **gleiche** heraus, benennt sie und legt das richtige **Symbolkärtchen** dazu.

Steigerung: Das Kind kostet mehrere Dinge nacheinander und fügt anschließend zwischen die Symbolkärtchen die **Rechenzeichen** ein, sowie am Ende das passende **Zahlenkärtchen**.

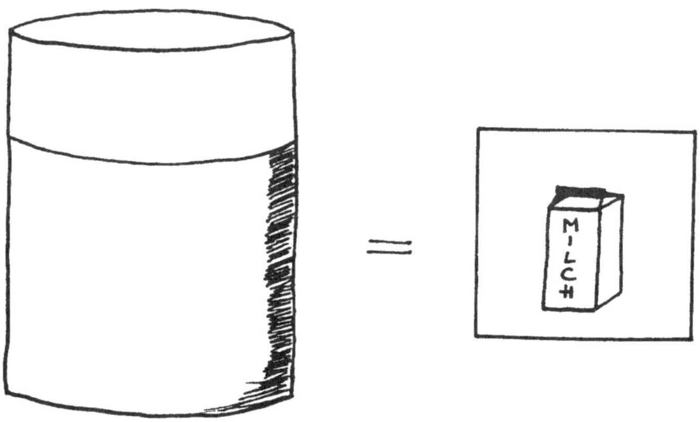

„Knopflauf“

Gruppenspiel

Material: 2 Esslöffel, 2 mal 10 Knöpfe, Start- und Ziellinie und genügend Platz, Tafel und Kreiden

Die Kinder werden in zwei Gruppen geteilt. Auf dem Boden werden die Linien für Start und Ziel festgelegt. Das erste Kind der Gruppe bekommt den Löffel mit den 10 Knöpfen. Beide Spieler haben nun die Aufgabe so schnell als möglich zum Ziel zu gelangen, ohne dabei viele Knöpfe zu verlieren. Im Ziel wird durch **Zählen** festgestellt, welche Menge **größer bzw. kleiner ist.** Das Ergebnis wird an die Tafel geschrieben. Jetzt starten die beiden nächsten Kinder.

Natürlich können auch die verbleibenden Knöpfe gezählt und eine Subtraktion aufgeschrieben werden (**weniger und mehr**).

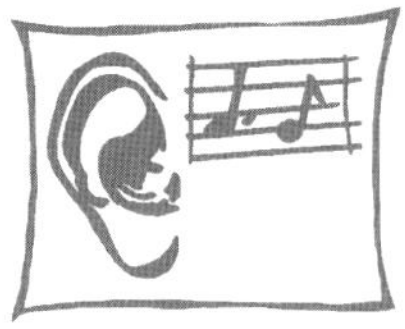

„Formensuchen“

Einzelspiel

Material: Arbeitsblatt (siehe Anhang), Papier, Stift, Therapieraumeinrichtung, jeweils ein Baustein für jede geometrische Form (●, ■, ▲, ▮), 4 Seile

Das Kind erhält ein Arbeitsblatt, auf dem **4 Mengenkreise** mit jeweils einer **geometrischen Form** zu sehen sind. Zuerst soll das Kind dieses Arbeitsblatt „nachbauen“ (Seil und Bausteine werden ihm zur Verfügung gestellt) und dann jeweils 3, von der Form her gleiche Gegenstände dazugeben. Anschließend soll es die **4** Vierermengen aufs Arbeitsblatt übertragen.

Mit den vorgegebenen Mengenkreisen lässt sich natürlich ganz herrlich herumtauschen, auswechseln, Mengen lassen sich überschneiden, ...

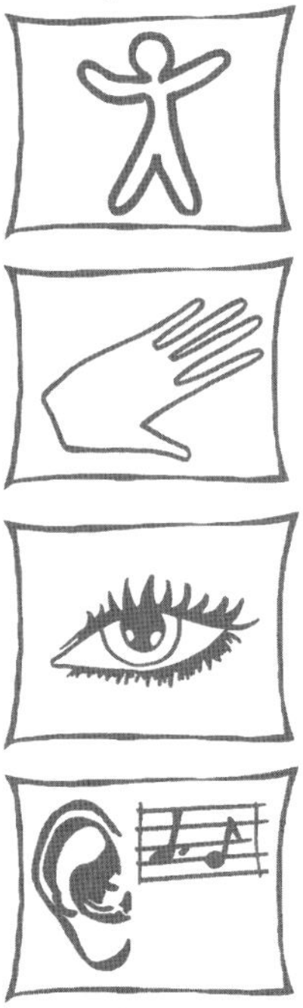

„Ich mal etwas was du nur spürst!“

Partnerübung

Material: Papier, Stift

Mit dem Finger werden auf den Rücken des Kindes verschiedene **Formen** „gezeichnet“. Das Kind soll erkennen, um welche Form es sich jeweils handelt (z.B. Herz, Kreis, Quadrat, Rechteck, Oval, Dreieck, Wellen, Zick-Zack, ...), soll sie benennen und auf einem vor sich liegenden Papier aufzeichnen.

Natürlich kann dieses Spiel auch mit Buchstaben und ***Zahlen*** *gespielt werden.*

„Minus- und Plusaufgaben kegeln“

Kleingruppenspiel

Material: 10 Kegel, Tennisball, Startlinie, Papier und Bleistift

Minusaufgaben: Die Ausgangszahl ist 10. Nun wird gekegelt und dabei fallen z.B. 4 Kegel um. Somit gibt es bereits die erste Minusaufgabe:

„10 – 4 = ...“

Plusaufgaben: Will man im Zahlenraum 10 bleiben, so kegelt man zweimal und zählt dabei die umgefallenen Kegel zusammen

„3 + 2 = ...“

Die entstandenen Aufgaben werden sofort ausgerechnet und niedergeschrieben.

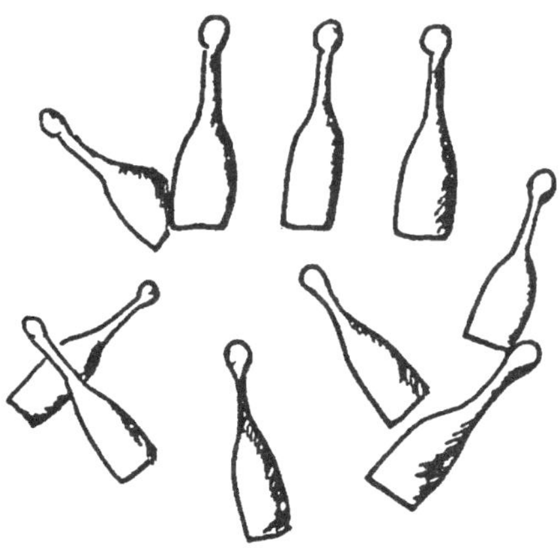

„Sortierer“

Einzelspiel

Material: 3 Grundformen in verschiedenen **Größen** und Materialien, Würfel, Bohnenkiste, Büchsenstelzen, Symbolkärtchen (●, ■, ▲), Abdecktuch, Körbchen

Unten am Boden steht die Bohnenkiste, in der die verschiedenen Formen versteckt sind. **Auf** einem Tisch am anderen Ende des Zimmers sind die Symbolkarten aufgelegt. Das Kind hat nun den Auftrag, mit Hilfe der Büchsenstelzen zu der Bohnenkiste zu gelangen und dort zu würfeln. Die **Augenzahl** bestimmt die jeweilige Anzahl an Formen, die das Kind herausholen und dann den Symbolkarten auf der anderen Seite des Raumes zuordnen soll.

*Gelingt dem Kind ein **Simultanerfassen** der Würfelaugen oder zählt es nach?*

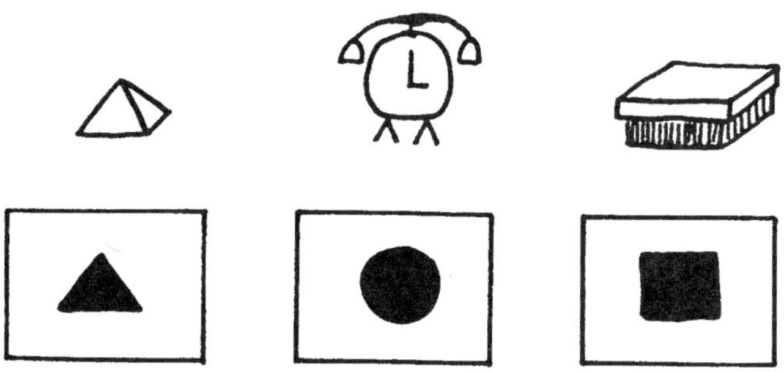

„Irgendetwas fehlt immer!“

Einzelspiel

Material: Arbeitsblatt (siehe Anhang), Stift, Schere

Das Kind erhält das Arbeitsblatt und soll zuerst die einzelnen Kärtchen ausschneiden, damit es dann konzentriert mit jeweils einem davon arbeiten kann. Es **ordnet** die ausgeschnittenen Kärtchen und stapelt sie.

Nun nimmt es sich eines vom Stapel und setzt auf der Seite etwas ein, wo es nötig ist. Entweder eine **Zahl** oder ein **Symbol**.

3.3 Die Darstellung und Umsetzung mathematischer Operationen mit Hilfe von Ziffern und Zahlen (Ziffierngleichung)

Hatte das Kind genügend Möglichkeiten, die beiden ersten Stufen zu vertiefen und zu verinnerlichen, kann ihm der Sprung auf die dritte Stufe gelingen.

Nun arbeitet es gänzlich ohne konkretem Material, nur Zahlen und mathematische Symbole stehen ihm zur Lösung der Rechenaufgaben zur Verfügung. Das Kind muss die Bedeutungen sämtlicher mathematischer Symbole wissen, um die kahle Formel zu lösen. Allerdings ist dies nicht so einfach, wie es sich anhört. Der Schüler muss die Formel lesen, er muss sie in etwas Konkretes umwandeln, sie lösen und wieder in die mathematische Ausdrucksform bringen, also wieder verschlüsseln können.

Spiele für die 3. Entwicklungsstufe:

„Angelspiel"
„Rechenwürfel"
„Die Rechenschlange"
„Radio Mathematik"
„Der Zahlensee"
„Zahlengitter"
„Einmal Lehrer sein"
„Die Mathematik – Druckwerkstätte"
„Telefonnummern rechnen"
„Zahlenketten Reigen"

„Angelspiel“

Einzelspiel

Material: Angel mit Magnet, aus Papier ausgeschnittene **Zahlen und Rechenzeichen** mit je einer Büroklammer versehen, Seile

Das Kind versucht mit seiner Magnetangel so viele „Fische“ (= Zahlen und Rechenzeichen) wie nur möglich zu fangen. Am Ende stellen wir mit den „Fängen“ **Rechnungen zusammen.**

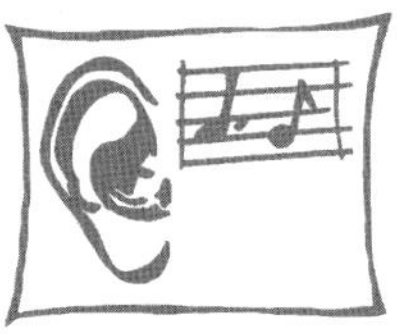

„Rechen-Würfel“

Einzel- oder Kleingruppenspiel

Material: 16 Würfel,

Bevor das Rechnen beginnt, dürfen die Kinder mit jedem Würfel werfen und mit den gewürfelten **Zahlen** bilden sie ein **Quadrat** mit je **4 Vierer-Reihen**.

Nun wird kreuz und quer gerechnet, in dem die Mengen der **waagerechten, senkrechten** und **diagonal** liegenden Würfel addiert werden. Die **Rechenaufgaben** werden aufgeschrieben und gelöst.
Hat man in alle Richtungen gerechnet, kann das nächste „Spielfeld“ gewürfelt werden.

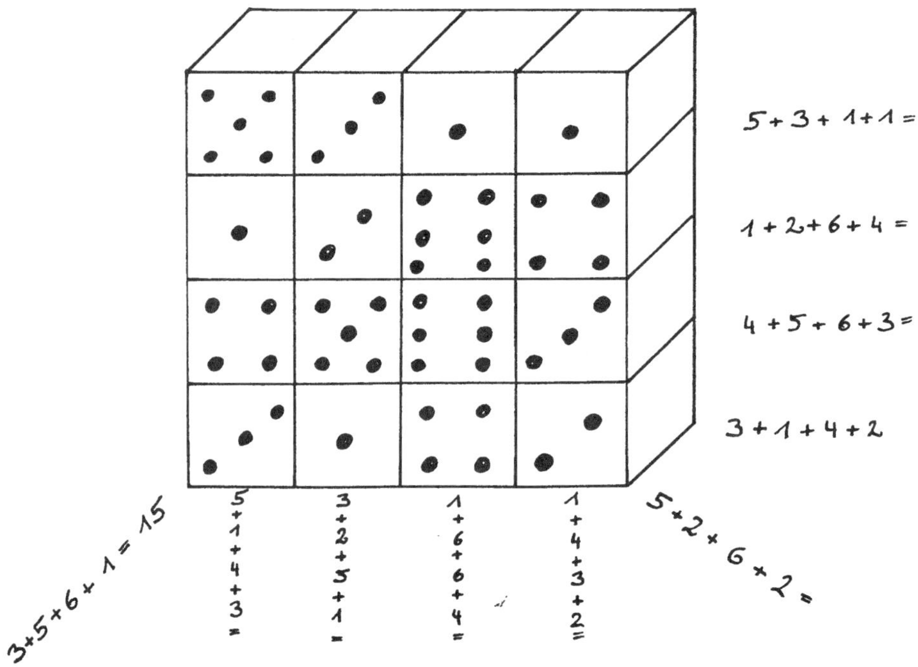

„Die Rechenschlange“

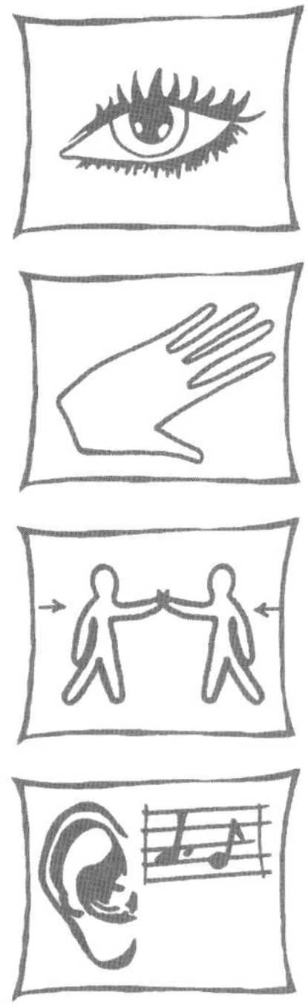

Partnerspiel

Material: 2 Papierstreifen (ca. 30 – 40 cm lang), Stifte

Jedes Kind bekommt einen Papierstreifen und verwandelt diesen in eine Rechenschlange, indem es am linken äußeren Teil einen Schlangenkopf zeichnet. Nun sucht sich das Kind eine **Zahl zwischen 10 und 20** aus und schreibt diese zum Kopf. Jetzt wird die Schlange noch so gefaltet, dass kleine Felder entstehen, auf die man dann schreiben kann. Nun tauschen die Kinder ihre Schlangen aus.

Jeder versucht nun, die „Kopfzahl“ möglichst oft zu **zerlegen** und schreibt jeweils eine **Rechnung** in ein Feld der Schlange. Dabei gilt, dass eine **Zahlenkombination** nur einmal vorkommen darf.

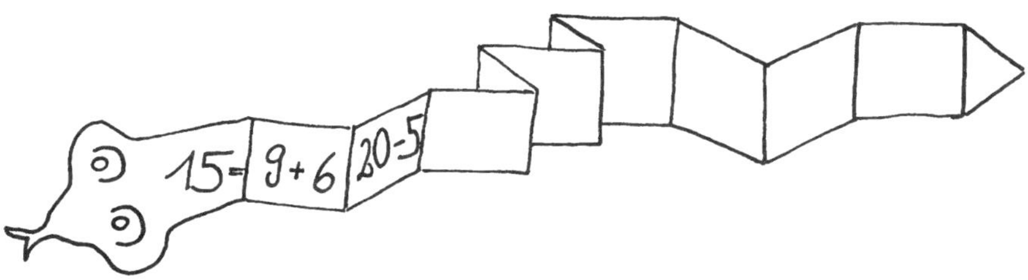

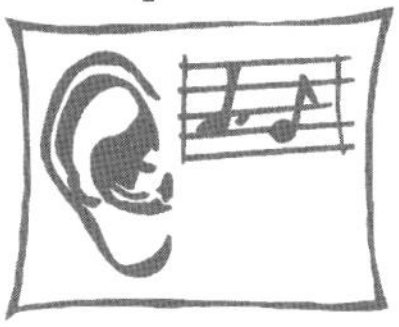

„Radio Mathematik“

Einzel- bis Gruppenspiel

Material: Radio, Kassette mit gesprochenen Gleichungen, bei denen allerdings durch eine „Störung“ (Knistern von Papier) die Rechenart nicht hörbar ist, Papier, Stifte

Als Einstieg gibt es eine kurze Geschichte: „Stellt euch vor, gestern habe ich einen Radiosender entdeckt, da wurden nur Rechenaufgaben gestellt. Ich habe sofort eine Kassette eingelegt und für euch die Sendung aufgenommen, aber leider gab es eine Rundfunkstörung und man hört nicht alles von den **Rechnungen**. Vielleicht könnt ihr mir helfen?“

Dann wird das Radio eingeschaltet und die Kinder sollen versuchen, die Rechnungen mitzuschreiben und anschließend die fehlenden **Rechenzeichen** einzusetzen.

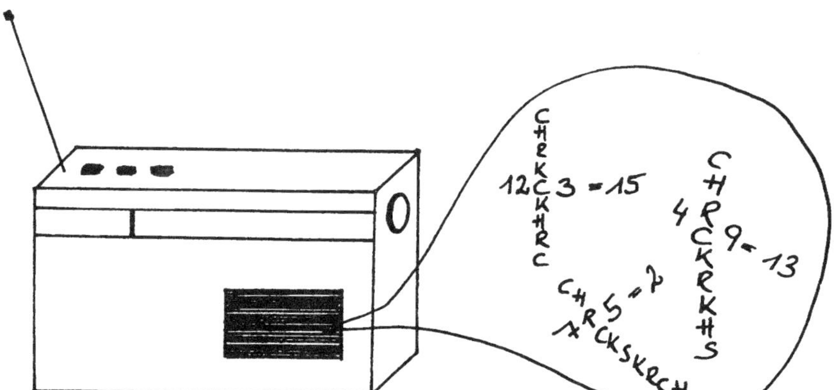

„Der Zahlensee“

Einzelspiel

Material: ausgeschnittene Papierzahlen mit Büroklammern, Angel (Stab mit Schnur und Magnet), vorgegebene Rechnungen mit fehlenden Lösungen an der Pinwand, Stecknadel

Das Kind hat die Aufgabe zum Zahlensee zu reisen, um die Ergebnisse für die Rechnungen zu holen. Das Kind soll die Aufgabe lösen und dann die entsprechende **Zahl** herausfischen und an die Pinwand heften.

Vielen Kindern gelingt diese Aufgabe leichter, wenn nur eine Rechnung zu lesen ist und die anderen inzwischen verdeckt sind. Eine Rechnung nach der anderen bringt das Kind ja schließlich auch zum Ziel.

„Zahlengitter“

Partnerspiel

Material: Tischdeckchen (30 mal 30 cm, auf das mit Stofffarbe und Lineal ein Gitter mit 20 Feldern gezogen wurde. In verschiedene Felder werden beliebige Zahlen (im Zahlenraum 20) möglichst bunt eingetragen. 3 Würfel, „Knopfschale“, pro Spieler 10 oder mehr Knöpfe in einer Farbe

Der erste Spieler würfelt, **addiert** die Augenzahlen zusammen und schaut auf dem Gitter nach, ob sein Ergebnis vorkommt. Wenn ja, darf er einen Knopf auf die **Zahl** legen, wenn nicht, wird ein Knopf in eine Schale gelegt. Nun kommt der **zweite** Spieler dran. Am Schluss des Spieles wird festgestellt, wer die **meisten** Plättchen legen konnte.

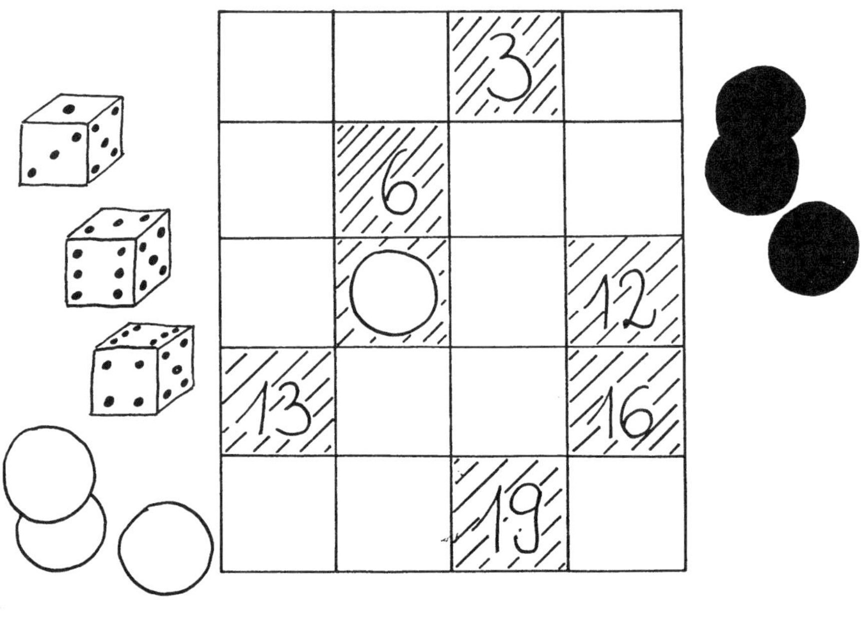

„Einmal Lehrer sein!“

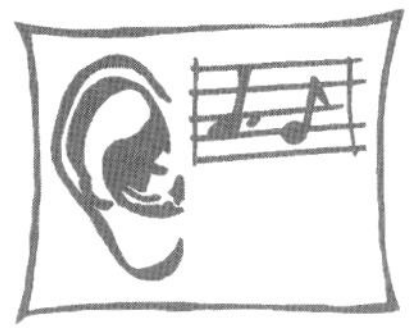

Einzelspiel

Material: Arbeitsblatt (siehe Anhang), Stifte

Jedes Schulkind schlüpft gerne einmal in die Rolle eines Erwachsenen und ganz besonders gerne in die Rolle des Lehrers. Warum sollte man sich diese Tatsache nicht zu nutze machen und dem Kind die Möglichkeit dazu geben?

Die folgende Arbeit stammt von Ulli. Sie haben mit ihm Mathe gelernt und dabei diesen Arbeitsbogen verwendet. Leider sind Sie noch nicht dazu gekommen ihn anzuschauen, aber vielleicht hilft Ihnen ja heute Ihr Therapiekind! Dabei werden die **Umkehrrechnungen** auf der rechten Heftspalte sicher helfen.

Ulli hat insgesamt 3 Fehler gemacht! Finden Sie sie auch selber?

4	+	2	=	~~7~~	f	7	-	2	=	4
10	+	3	=	13	✓	13	-	3	=	10
8	-	4	=	4	✓	4	+	4	=	8

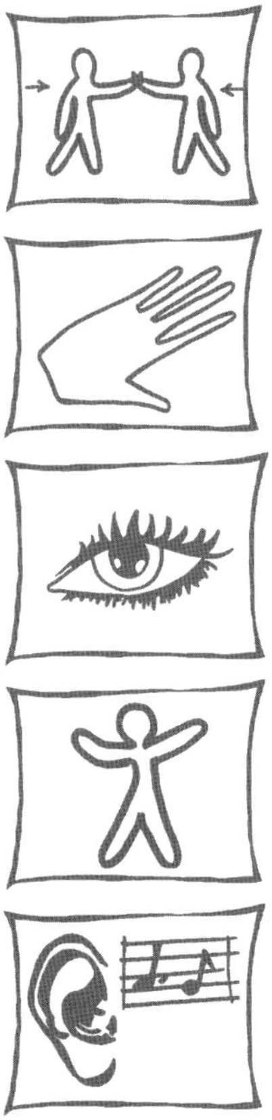

„Die Mathematik – Druckwerkstätte“

Partnerspiel, Kleingruppenspiel

Material: Für jedes Kind einen Flaschenkorken, weißes Papier in DIN A3 Format, Wasserfarben, einen Joghurtbecher mit Wasser, altes Tuch zum Trocknen der feuchten Korken, Malschürzen

Die Kinder sollen nach eigener Wahl mit Hilfe des Korkens **Plus- oder Minusaufgaben** stempeln. Jedes Kind darf zuerst eine ganze Aufgabe zu Papier bringen.

Anschließend können die Kinder Rechenaufgaben drukken, die unvollständig sind und von einem der anderen Kinder fertig gemacht werden sollen.

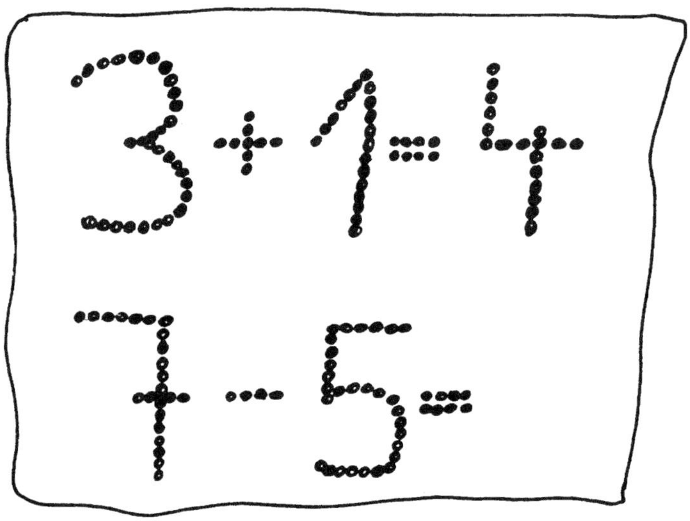

„Telefonnummern rechnen“

Partnerspiel

Material: Papier, Stifte, Telefonbücher

Die beiden Kinder sitzen sich gegenüber. Ein Kind beginnt und nennt seine eigenen Telefonnummer. Sein Partner schreibt sich die Nummer als **Addition** auf und rechnet sie schnell aus. Nun ist er an der Reihe und das erste Kind rechnet. Vielleicht weiß das Kind noch andere Telefonnummern? Ansonsten wird das Telefonbuch zur Hand genommen und mit der Nummer von „Frau Lachmalwieder“ oder von „Herrn Tunichtgut“ gerechnet.

MILONAIER Sieglinde
Am Musterberg 5 75321

7 + 5 + 3 + 2 + 1 = ?

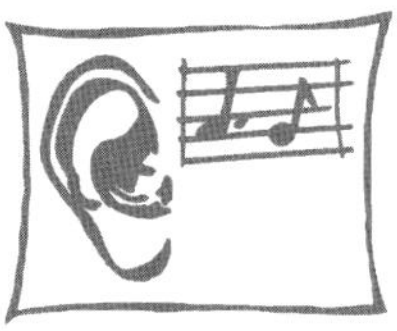

„Zahlenketten Reigen“

Kleingruppenspiel

Material: pro Kind 4 Würfel (jeweils 4 in einer Farbe), Papier, Stifte in den Farben der Würfel, Pinwand und Stecknadeln.

Alle Kinder sitzen von einander getrennt im Raum. Jedem Platz ist eine Farbe zugeordnet.
Jedes Kind wirft alle vier Würfel und bildet mit den nach oben liegenden Augenzahlen **drei** Rechenaufgaben. Dabei darf sowohl das Plus- als auch das Minuszeichen verwendet werden. Die Rechenaufgaben werden am Papier notiert und anschließend ausgerechnet. Sind alle Kinder fertig, dürfen sie nach links herum an den Platz eines anderen Kindes gehen, mit den dort liegenden Würfeln Rechnungen zusammenstellen und mit der passenden Farbe aufschreiben und ausrechnen.

Nach einem Durchlauf werden die Blätter auf einer Pinwand aufgehängt und die Rechnungen gemeinsam **verglichen**. Gibt es bei den gleichfarbigen Rechnungen vielleicht **gleiche** Zahlenkombinationen (und vielleicht unterschiedliche Ergebnisse)?

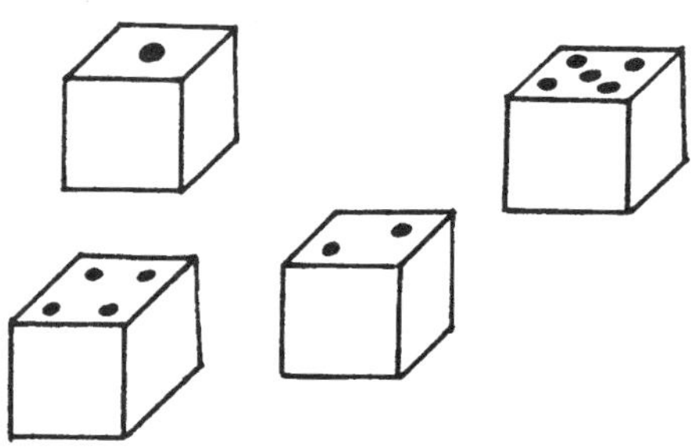

$$1 + 5 - 4 + 2 = 4$$

$$4 + 2 + 5 + 1 = 12$$

$$5 + 4 - 1 - 2 = 6$$

3.4 Die Automatisierung und Anwendung mathematischer Operationen

Die Erreichung dieser Stufe gelingt nur, wenn alle drei vorhergegangenen Stufen erfolgreich integriert werden konnten.
Die Automatisierung bietet dem Schulkind die Möglichkeit, die Rechenaufgaben schneller, einfacher und fehlerfreier zu lösen. Gerade die Beherrschung des Einmaleins trägt wesentlich dazu bei.

Rechnen Sie mit mir ein kurzes Beispiel:

„Johanna will einen Tomatensalat für das Grillfest machen. Für jeden Gast rechnet sie 5 kleine Tomaten. Es sind 10 Personen eingeladen. Wie viele Tomaten braucht Johanna?"

Wird dieses Rechenbeispiel mit der Rechenoperation

„5 mal 10"

gelöst, so hat man die Lösung sehr schnell – vorausgesetzt, das Einmaleins ist automatisiert.

Ist dies jedoch nicht der Fall, sieht die Rechenoperation wahrscheinlich folgendermaßen aus:

„5+5+5+5+5+5+5+5+5+5"

Dass diese Variante einen verlängerten Lösungsweg, einen verzögerten Rechenprozess sowie eine höhere Fehlerquote mit sich bringt, liegt auf der Hand.

Die Automatisierung sehe ich als klassischen Schulbereich an, da es hier sehr stark um Vertiefen, Wiederholen und Üben geht. Die Ergotherapie kann jedoch durch Spiele für Konzentration, Ausdauer und Gedächtnis, sowie durch das Handling mit Größe, Gewicht oder Menge, seinen Beitrag dazu leisten. Beobachten Sie das Kind, ob ihm die Dimensionen ein Begriff sind. Bringt es zum Kuchenbacken eine kleine Schüssel, in dem die Zutaten nie Platz haben werden, oder kann es sein Umfeld angemessen strukturieren?

Spiele für die 4. Entwicklungsstufe:

„Andocken"
„Achtung Stecknadel"
„Lebkuchenbäckerei"

„Rechengeschichte I“
„Rechengeschichte II“
„Rechengeschichte III“
„Rechengeschichte IV“
„Rechenlotto“
„Der Blätterbaum“
„Einmal Clown sein oder feine Dame“

„Andocken“

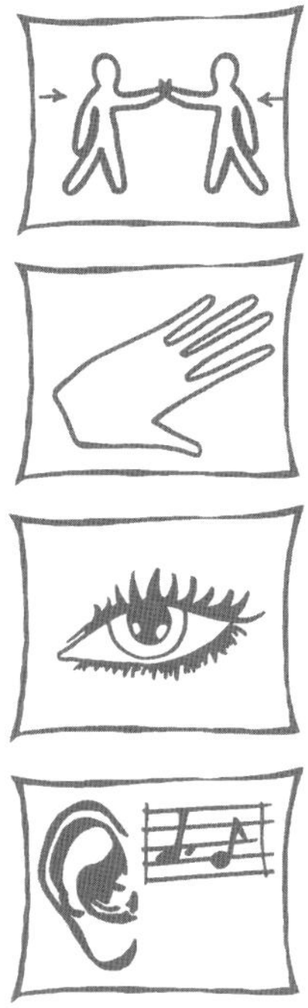

Gruppenspiel

Material: „Andockkarten“ (ein zusammengefalteter DIN A5 Karton), die um den Hals getragen werden kann, Filzstifte

Die Kinder (Zugwaggon) sitzen mit angezogenen Beinen am Boden und bewegen sich **rückwärts** fort. Der Popo darf dabei den Boden nicht verlassen. Kommt es nun zu einem Aufeinandertreffen von zwei Waggons, so wird das „Andockmanöver“ durchgeführt. Die Kinder sitzen Rücken an Rücken, ihre Popos sollen sich berühren und nun wird gegen den anderen Rücken kurz ein fester Druck ausgeübt, dann wird wieder locker gelassen. Für jedes Andocken gibt es **2 Punkte** auf die Andockkarte, die sich die Kinder mit einem Filzstift aufmalen. Wer am Ende des Spieles 14 Andockpunkte hat, wird zur Lokomotive befördert.

Wie oft muss das Kind andocken, um befördert zu werden? (2x7=14)

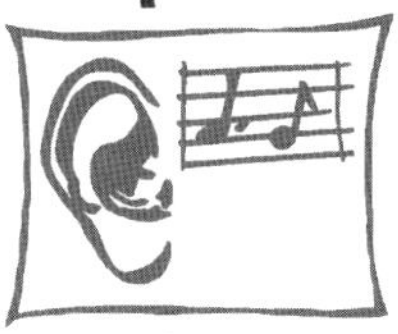

Achtung Stecknadel

Kleingruppe
Material: Plastikbecher, Teller, Stecknadeln

Jetzt gilt es so leise zu sein, dass man die sprichwörtliche Stecknadel fallen hören kann. Im Raum muss es absolut still sein, wenn man dieses feine Geräusch hören will. Wie viele Stecknadeln fallen denn in den Becher? Wie viele auf den Teller? **Wie viele** Stecknadeln sind es **insgesamt?**

Dieses Spiel verlangt ***ein hohes Maß an Konzentration*** *und Ruhe. Viele Kinder mit Dyskalkulie haben hier natürlich Schwierigkeiten. Deshalb ist es wichtig, dieses Spiel immer nur in kurzen Sequenzen zu spielen und dazwischen ein Spiel mit viel Bewegung zu machen.*

„Lebkuchenbäckerei“

Einzelspiel

Material: Zutaten nach Rezept, große Schüssel, Mixer, Teiglöffel, Eipinsel, Küche

Lesen Sie dem Kind die Zutaten vor und überlegen Sie gemeinsam, was Sie alles an Geräten brauchen.

Lebkuchenrezept:

2 x 150 g Mehl	*1 EL Zimt*
5 x 50 g Rohzucker	*1 TL Nelken*
3 x 50 g Nüsse	*Zitronenschale*
4 x 1 / 2 Eier	*3 x 20 g Honig*
1 TL Natron	

Eier, Zucker, Gewürze und Honig verrühren; alle übrigen Zutaten darunter mischen und gut verkneten.
Mit Ei bestreichen und eventuell Mandeln darauf legen.
Bei guter Hitze backen.

Hat das Kind eine Vorstellung von den **Dimensionen**, z.B. wie groß soll die Schüssel sein, damit alle Zutaten hineinpassen? Kann das Kind die jeweiligen **Mengen** gleich **als Ganzes** erfassen?

„Rechengeschichte I“

Einzel- bis Großgruppenspiel
Material: –

Zu meinem letzten Geburtstag bekam ich 10 rote Rosen. Zwei knickten mir leider schon ab, als ich die Blumen in die Vase stellen wollte.

Am nächsten Tag sah ich, dass drei weitere Rosen verblüht waren. Ich musste sie wegwerfen.

Na, wie viele Rosen standen noch in der Vase?

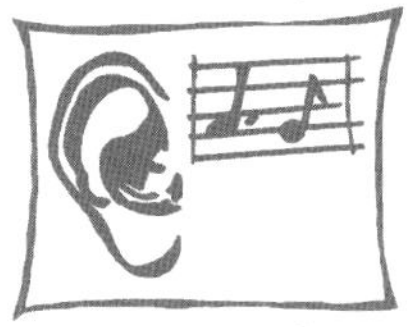

„Rechengeschichte II“

Einzel- bis Großgruppenspiel
Material: –

Sebastian bekommt zu seinem Geburtstag immer ein Torte mit Kerzen. Er ist sechs Jahre, genau wie du/ wie die meisten von euch auch.
Das Geburtstagskind hat schon zwei Kerzen ausgepustet. Die anderen Geburtstagsgäste dürfen genauso viele Kerzen auspusten.

Weißt du / Wisst ihr, wie viele Kinder Sebastian eingeladen hat?

„Rechengeschichte III“

Einzel- bis Großgruppenspiel
Material: –

Anna spielt mit ihrer Freundin. Sie soll um 17 Uhr zu Hause sein. Die beiden Mädchen spielen so schön, dass sie dabei die Uhrzeit vergessen. Bis Anna nach Hause kommt, ist es schon 19 Uhr. Ihre Mutter ist natürlich ein bisschen böse. Das Mädchen soll am folgenden Tag für jede Stunde, die es zu spät kam, 10 Minuten eher zu Hause sein.

Überlege/ überlegt zunächst einmal, um wie viele Stunden sich Anna verspätete.

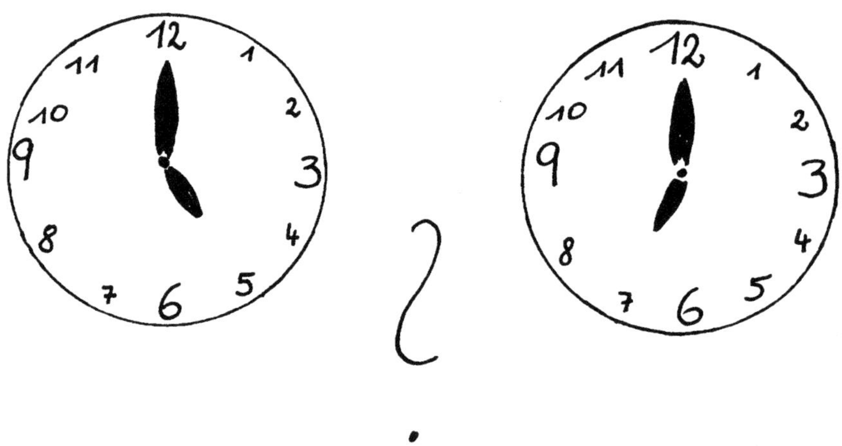

„Rechengeschichte IV“

Einzel- bis Großgruppenspiel
Material: –

Wer von euch kennt die Geschichte von Ali Baba & den 40 Räubern? (Die Geschichte soll kurz erzählt werden.)

Hört gut zu, was bei den 41 Männern alles passierte:

- Eines Tages ging Ali Baba mit den 40 Räubern in den Wald. 10 Räuber bekamen Bauchweh. Er sagte: Gibt es denn noch einen, der kein Bauchweh hat? Na, wie viele von den 40 Räubern haben denn kein Bauchweh?“
- Bei einem anderen Raubzug haben 20 seiner Räuber ihre Messer vergessen. Wie viele Messer hat die Räuberbande bei sich?
- An wieder einem anderen Tag laufen 30 Räuber vor den Feinden weg. Wie viele bleiben Ali Baba treu?
- Wie freute sich Ali Baba, als sich gestern zu seinen 40 Räubern weitere 40 Räuber dazu meldeten. Wisst ihr, wie groß die Räuberbande jetzt ist?
- Ali Baba will seine 40 Räuber eines Tages in 4 Gruppen teilen. Geht das? Wie viele Räuber sind in einer Gruppe?
- Heute ist Zahltag. Die Räuber bekommen Geld, Alle Räuber – wie viele waren es doch gleich? (80) – sollen 1 Goldstück bekommen. Leider hat Ali Baba nur für 60 Räuber Geld. Wie viele Räuber schlagen jetzt wohl Krach?

„Rechenlotto“

Kleingruppen-, Gruppenspiel
Material: pro Kind einen Lottoschein (siehe Anhang)

Vor dem Spiel sollten Sie die Kinder fragen, ob sie wissen, wie man Lotto spielt. Es muss klar sein, dass beim Lotteriespiel immer beliebige Zahlen angekreuzt werden, die dann zu „Glückszahlen“ werden können.

Vor jedem Spieler liegt ein Lottoschein. Jedes Kind soll nun auf seinem Schein (z.B.) 10 Zahlen ankreuzen. Natürlich drücken sie JEDEM Spieler die Daumen! Dann geht es los. Sie stellen eine **Rechenaufgabe**, die es zu lösen gilt, z.B. 16 – 10. Alle Kinder mit der Glückszahl 6 werden sich freuen, denn sie dürfen das Feld mit der Zahl 6 ausmalen.
Wer als erstes seine 10 Felder ausgemalt hat, hat gewonnen. Dauert das Spiel zu lange, kann auch der mit den meist angemalten Feldern zum „Lottokönig“ gekürt werden.

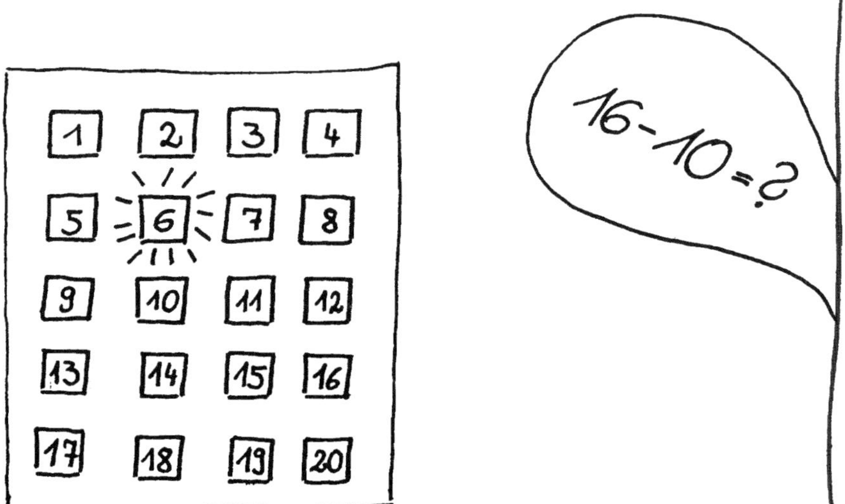

„Der Blätterbaum“

Kleingruppenspiel

Material: großer Baum aus Pappe; 11 Blätter aus Pappe, die mit den Zahlen von 0 – 10 beschriftet werden; Stecknadeln

Die Kinder sitzen im Halbkreis um den Baum. Ein Kind wird ausgewählt, das die von Ihnen gestellte Rechenaufgabe lösen darf. Anschließend darf es zum Baum gehen und das Blatt mit dem Ergebnis herunternehmen. Dies geht so lange, bis der Baum all seine Blätter verloren hat.

„Einmal Clown sein oder feine Dame“

Partnerübung

Material: Rezept für selbst hergestellte Schminke s. u., Wasser und Seife zum Entfernen

Sich bemalen und verkleiden ist für jedes Kind ein Erlebnis. Werden die Farben miteinander hergestellt, ist es natürlich besonders toll.

Rezept: *2 x 1,5 EL Maisstärke*
1 TL Wasser
1 (2 EL Hautcreme)
1 TL Lebensmittelfarbe (Menge je nach gewünschter Intensität)

Die Zutaten werden miteinander vermengt und in gut verschließbare Dosen gefüllt.

Die Schminke verdirbt bereits nach einigen Tagen. Darum schnell aufbrauchen!
Je intensiver die Farbe, desto besser haftet sie an Haut und Kleidung! Es werden dann einige „Waschgänge“ nötig sein, um sauber zu werden! Jedes Kind soll selber entscheiden dürfen, welcher Körperteil bemalt wird. Gesicht und auch Oberkörperbereich sind sehr intime Stellen. Und ein farbiger Unterschenkel kann doch auch sehr schön sein!

Schlussgedanken

Die Ergotherapie versteht sich als DIE Therapie, den Menschen zu größtmöglicher Selbstständigkeit hinzuführen. Dyskalkulie ist eine klare Indikation für Ergotherapie, denn das mathematische Denken begleitet uns im täglichen Leben. Um dem rechenschwachen Kind bei der Bewältigung seiner „mathematischen" Umwelt zu helfen, bedarf es einer Schulung seiner Sinne, die direkt an der Basis seines Problems ansetzt.

Durch ein gezieltes therapeutisches Angebot können wesentliche Verbesserungen in der Sinneswahrnehmung und dadurch auch im mathematischen Bereich erzielt werden.

In diese Buch habe ich versucht, einen möglichen ergotherapeutischen Ansatz für die Erreichung dieses Zieles zu beleuchten. Die Grundlage für ein Begreifen der Mathematik ist das aktive Tun, das Handeln mit konkretem Material. In der heutigen Zeit ist es für manche Kinder fast unmöglich, diese nötigen basalen Erfahrungen zu sammeln. Computer und Fernseher regieren die Welt, kleine Stadtwohnungen und unattraktive Wohnhöfe machen eine sinnvolle und sinnhafte Auseinandersetzung mit der Umwelt und sich selber schwierig. Die Ergotherapie kann gemeinsam mit dem dyskalkulischen Kind an einer sinnbetonten, konkreten Basis für den mathematischen Bereich arbeiten, um dann schrittweise die Stufen der mathematischen Entwicklung zu erklimmen.

Mir ist es ein Anliegen, hier noch einmal die Notwendigkeit eines ganzheitlichen Therapieansatzes zu erwähnen. Mathematik ist ein komplexer Bereich. Er verlangt für die Lösung einer Aufgabe nicht nur das Kennen der Zahlen, sondern z.B. auch deren Bedeutung und Entstehungsprozesse.

Auch der Mensch ist ein komplexes Wesen, das nicht nur eine Fähigkeit beherrscht, sondern mit seinem ganzen Dasein im Leben steht. Diese Ganzheit gilt es in der Therapie zu berücksichtigen, aufzugreifen und einzubeziehen – ein wesentlicher Ansatz der Ergotherapie!

Literatur

Affolter, F.: Wahrnehmungsprozesse, deren Störungen und Auswirkungen auf die Schulleistung; in: Zeitung für Kinder- u. Jugendpsychiatrie (2/1975)

Augustin, A.: Behandlungsverfahren in der Pädiatrie (BT-Unterlagen für den Unterricht an der BT-Schule Langensteinbach) Univ. Kinderklinik Heidelberg, 1981

Delazer, M.: Neuropsychologische Befunde zum Zahlenverständnis und zum Rechnen – Dissertation eingereicht an der Naturwissenschaftlichen Fakultät Innsbruck, Sommersemester 1994

Faller, A.: Der Körper des Menschen, Thieme Verlag, Stuttgart (12. Auflage) 1995

Firnhaber M.: Legasthenie, wie Eltern und Lehrer helfen können, Fischer Tacshenbuch, Frankfurt 1992

Frostig, M.; Müller H.: Teilleistungsstörungen, ihre Erkennung und Behandlung bei Kindern, Urban & Schwarzenberg Verlag, München 1981

Grissemann, H.; Weber, A.: Spezielle Rechenstörungen – Ursachen und Therapie, Verlag Hans Huber, Bern 1982

Kaufmann, L.: Dyskalkulie, Unterlagen zum Vortrag, Innsbruck (2/1999)

Kephart, N.C.: Das lernbehinderte Kind im Unterricht“ Ernst Reinhardt Verlag, München 1977

Kesper, G.; Hottinger C.: Mototherapie bei Sensorischen Integrationsstörungen, Ernst Reinhardt Verlag, München (2. Auflage) 1993

Kiphard E. J.: Motopädagogik, verlag modernes lernen, Dortmund 1984

Krenz, A.; Rönnau, H.: Entwicklung und Lernen im Kindergarten, Herder Verlag, Freiburg (2.Auflage) 1989

Krüll, K. E.: Rechenschwäche was tun?, Ernst Reinhardt Verlag, München (2. Auflage) 1996

Lorenz, J. H.; Radatz, H.: Handbuch des Förderns im Mathematikunterricht, Schroedel-Schulbuchverlag, Hannover 1993

Meier, Chr.; Richle, J.: Sinn-voll und alltäglich, verlag modernes lernen, Dortmund, (3. Auflage) 1997

Milz, I.: Rechenschwächen erkennen und behandeln – Teilleistungsstörungen im mathematischen Denken", borgmann publishing, Dortmund, (2. Auflage) 1994

Miske-Flemming, D.: Theorie und Methode zur Behandlung von perzeptionsgestörten Kindern, Schulz-Kirchner Verlag, Idstein (8. Auflage) 1996

Piaget, J.: Das Erwachen der Intelligenz beim Kinde, Klett Verlag, Stuttgart 1969

Ross, G.: Kinder erleben die Sinne, Pattloch Verlag, Augsburg 1995

Schwarz, M.: Rechenschwäche? Wie können Eltern helfen, Urania-Ravensburger, Berlin 1999

Thile, G. (Hrsg.): Handlexikon der Medizin A-K, Studienausgabe, WissenVerlag GmbH, Herrsching 1991

Wunderlich, G.: 1, 2, 3 mit allen Sinnen, AOL-Verlag Lichtenau, (5. Auflage) 1997

Glossar

Abusus: Missbrauch

Cortical: die Gehirnrinde betreffend

Dysgrammatismus: Störung der Fähigkeit, Sprache entsprechend den grammatischen Regeln zu produzieren.

Echolalie: Wiedergabe (wörtlich oder leicht abgewandelt) von gehörten oder gesprochenen Worten und Sätzen, jedoch ohne Rücksicht auf Inhalt und Situation. Zwischen dem 1. und 2. Lebensjahr gehört die Echolalie zur kindlichen Sprachentwicklung.

Handling: Handhabung

Hemisphäre (rechte/linke): rechte/linke Gehirnhälfte

Kinästhesie: Bewegungsempfindung

Körperschema: ermöglicht das bewusste Zusammenspiel der beiden Körperhälften, das Erleben der Seitigkeit vgl. S. 53

Kognition: Hirnleistung

Konkretismus: Bedürfnis nach Hilfsmitteln, nach konkretem Material

MCD: minimale cerebrale Dysfunktion = winzige Funktionsstörungen im Gehirn vgl. Seite 37

Perinatalperiode: Zeitraum zwischen dem Ende der 28. Schwangerschaftswoche und dem 7. Tag nach der Geburt

Propriozeptoren: Rezeptoren, die die momentane Lage des Körpers im Raum wahrnehmen und kontrollieren. Vgl. Seite 52

Serialität: Fähigkeit, Handlungen in richtiger Handlungsabfolge durchzuführen.

Subcortical: die Bereiche unterhalb der Hirnrinde betreffend

Taktil: den Tastsinn betreffend; vgl. Seite 51

Vestibulär: den Gleichgewichtssinn betreffend; vgl. S. 52

Anhang

Arbeitsblatt: „Irgendetwas fehlt immer!“

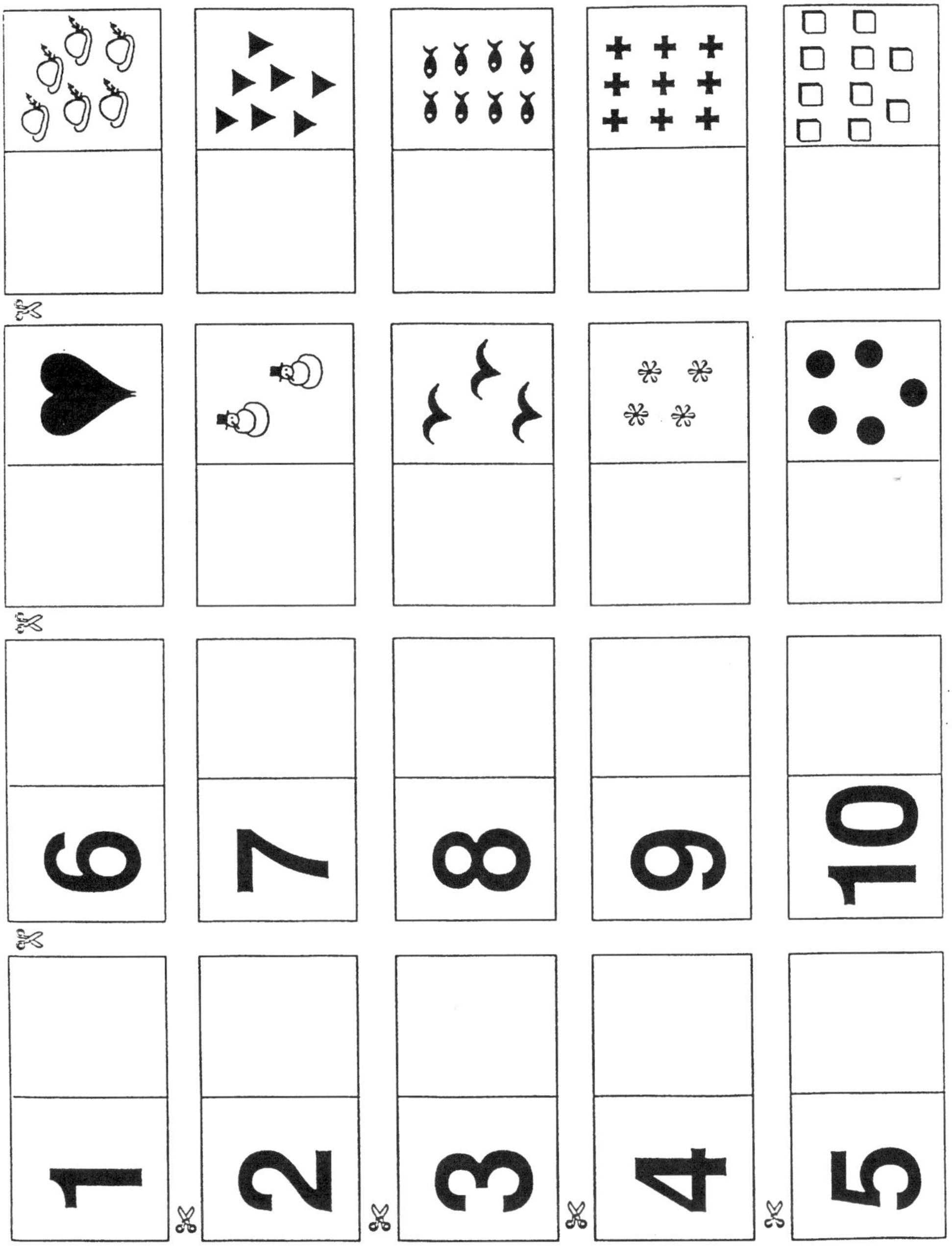

Arbeitsblatt: „Formen suchen“

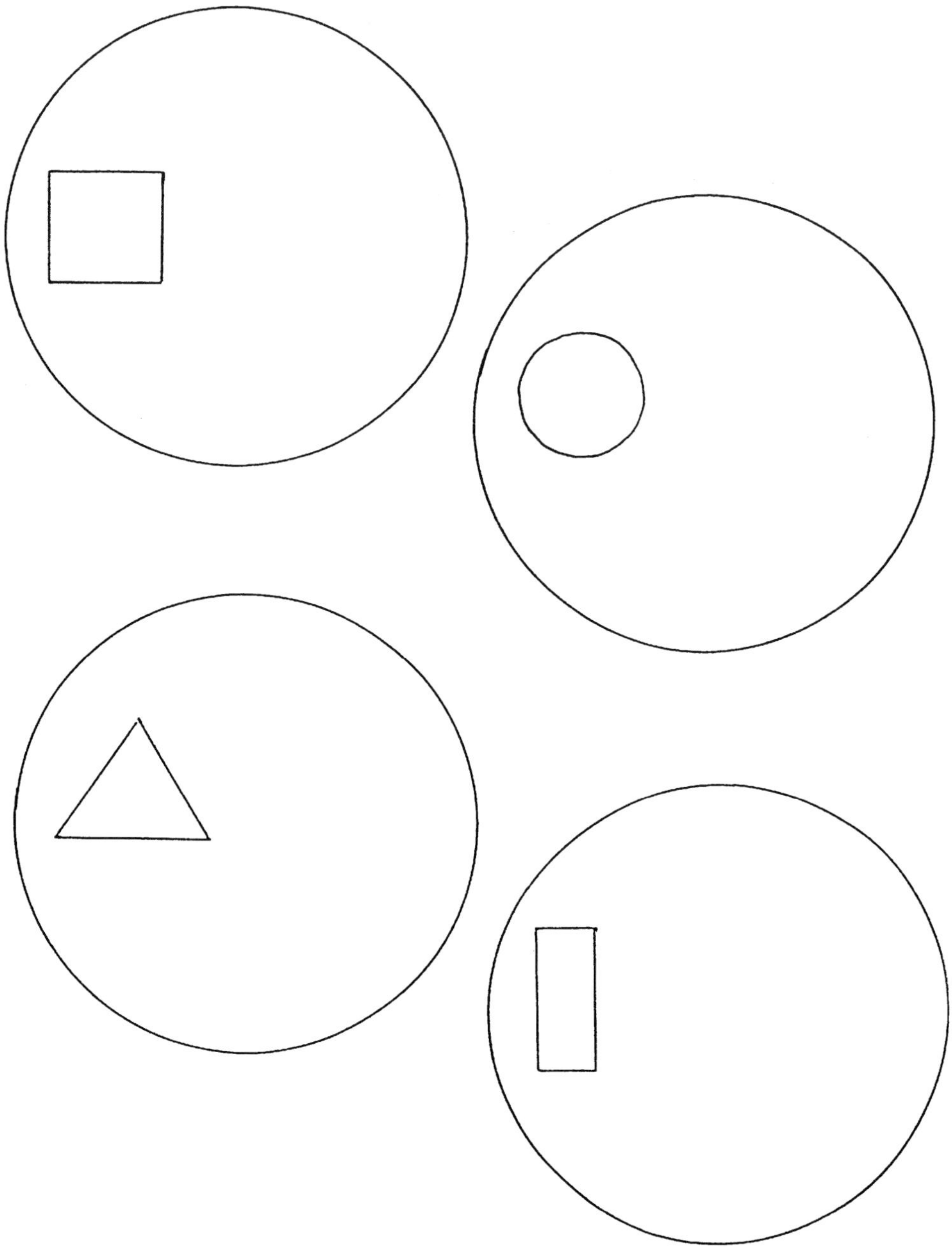

Arbeitsblatt: „Rechenlotto“

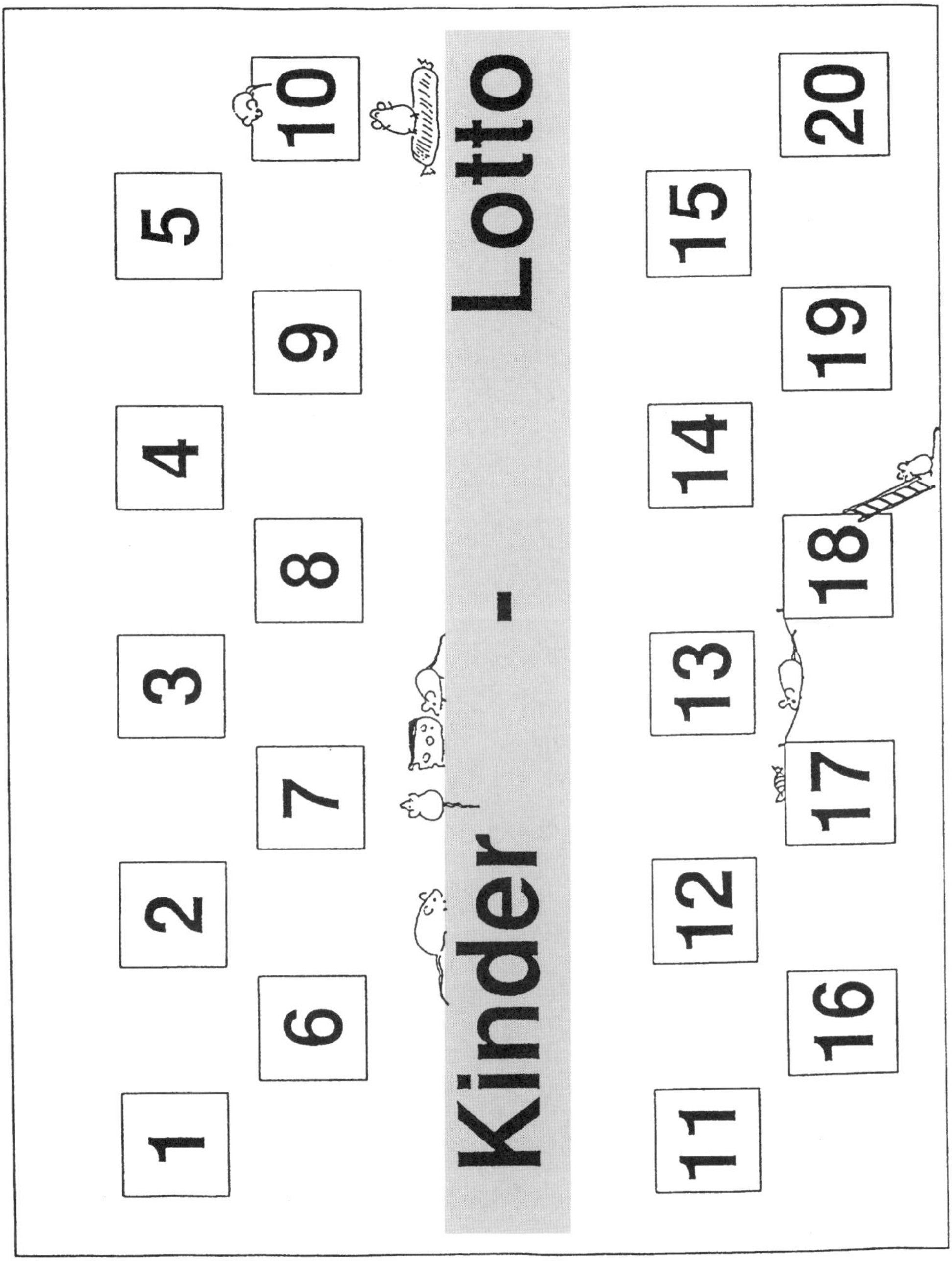

Arbeitsblatt: „Wozu sind meine Hände da“

1. Wo - zu sind un - sre Hän - de da, Hä - nde da. Hände da, wo - zu sind un - sre Hän - de da, Hän - de da?

1. Wozu sind unsre Hände da, Hände da. Hände da, wozu sind unsre Hände da, Hände da?
2. Die Hände sind zum Klatschen da, Klatschen da, Katschen da ...
3. Wozu ist unser Kopf denn da...
4. Der Kopf, der ist zum Nicken da...
5. Wozu sind unsre Ohren da...
6. Die Ohren sind zum Hören da...
7 Wozu ist unser Mund denn da...
8. Der Mund der ist zum Singen da...
9. Wozu sind unsre Füße da...
10. Die Füße sind zum Tanzen da...

Ebenso möglich: Wozu sind unsere Zähne da... ?
...zum Putzen...
Wozu sind unsere Haare da?
... zum Kämmen...

Variation: Pantomimische Darstellung der einzelnen Strophen

Altes Kinderlied

Arbeitsblatt: „Einmal Lehrer sein“

Rechenarbeit von ______________________

5 + 8 = 13　　13 − =
14 − 6 = 8　　8 + =
7 + 7 = 13　　13 − =
9 + 3 = 12　　12 − =
11 − 4 = 6　　6 + =
6 + 6 = 12　　12 − =
20 − 5 = 15　　15 + =
8 + 8 = 16　　16 − =

2 + 9 = 11　　11 − =
5 + 8 = 12　　12 − =
18 − 7 = 11　　11 + =
13 − 8 = 5　　5 + =
20 − 7 = 13　　13 + =
6 + 4 = 10　　10 − =
17 − 8 = 9　　9 + =
15 + 4 = 19　　19 − =

Fehler: _____ Note: _____ Unterschrift Lehrer/in: ______________________

Adressen für weitere Hilfestellung und Informationen

(Angaben ohne Gewähr)

Österreich

Dr. Brigitte Sindelar
Klinische Psychologin/Psychotherapeutin
Obkirchergasse 36, 1190 Wien
www.sindelar.at

(Dr. Sindelar entwickelte eine eigene Methode zur Diagnostik und Behandlung von Teilleistungsschwächen. Hier findet man Adressen von „SindelartherapeutInnen" in Österreich, Deutschland, Schweiz, Fürstentum Liechtenstein.)

Erster Österreichischer Dachverband Legasthenie EÖDL
Obfrau: Dr. Astrid Kopp-Duller
Feldmarschall Conrad Platz 7
9020 Klagenfurt
Tel./Fax: +43/463 55660
e-mail: office@legasthenie.at
www.legasthenie.at

(Hier findet man Adressen von LegasthenietrainerInnen aus aller Welt.)

Initiative LEGA Vorarlberg Verein zur Förderung von Menschen mit Teilleistungsschwächen
Obmann: Ing. Andreas Mikula
Riedgasse 15a, 6850 Dornbirn
Tel.: +43/5572 53658 3863
e-mail: office@lega.at
www.lega.at
Bürozeit: Montag 9.00-12.00 und 13.00-16.00

Institut für Kinder und Jugendliche mit Legasthenie und Lernschwierigkeiten
Leitung: Mag. Gerda Gräven/Mag. Michael Gräven
Lorbeergasse 12/1, 1030 Wien
Tel.: +43/1 710 3320
Fax: +43/1 710 3308
e-mail: legasthenie.institut@telering.at
http://members.telering.at/legasthenie.instit

Institut zur Behandlung der Rechenschwäche*
Lerchenfelderstraße 125/5
1070 Wien
Tel.: +43/1 526 4846
Fax: +43/1 526 4847
e-mail: rechnen@inode.at
www.rechenschwaeche.at
Sprechstunden: werktags 12.00-13.45

Institut zur Behandlung der Rechenschwäche*
Kleegasse 3/Bo2, 8020 Graz
Tel.: +43/316 766344
Sprechstunden: Mo, Mi, Do 12.00-14.00

*(Beide Institute werden vom Verein für Lern- und Dyskakulietherapie" geführt. Sie bieten kostenlose Telefonberatung, sowie gegen Kostenbeiträge diagnostische Gespräche zur Detailabklärung von Rechenstörungen, Beratungsgespräche für Eltern sowie Dyskakulietherapie. Seit März 2000 erscheint 2x jährlich das „Österreichische Rechenschwäche Magazin")

Schweiz

Dyskakulie-therapie.ch
c/o Delta Schule Zürich
Freiestraße 47, 8032 Zürich
Tel.: +41/79 6322420 oder
+41/1 3618562
Fax: +41/1 3615862
e-mail: info@dyskakulie-therapie.ch
www.dyskakulie-therapie.ch

LIB Lerninstitut Basel GmbH
Münsterberg 1, 4001 Basel
Tel.: +41/61 2722 400
Fax: +41/61 2724 241
e-mail: info@lerninstitut.cn
www.lerninstitut.ch

(Das Institut besteht seit 1997, berät 250-300 Jugendliche und Erwachsene pro Jahr, arbeitet nach Davis-Methode, Biofeedback, Neurofeedback, NLP und mit Computerassisted training)

Deutschland

Mathematisches Institut zur Behandlung der Rechenschwäche/Arithmasthenie
Briennerstraße 48, 80333 München
Tel.: +49/89 5233142
Fax: +49/89 5234283
e-mail: institut@rechenschwaeche.de

Praxis für ganzheitliche Lerntherapie
Gisela Schmeling-Ahlefeld
Felder Straße 44, 42651 Solingen
Tel.: +49/212 45846
Fax: +49/212 45846
e-mail: info@ganzheitliche-lerntherapie.de
www.ganzheitliche-lerntherapie.de

Meike Aissen-Crewett
Kunst und Therapie mit Gruppen
◆ 5., verb. Aufl. 2002, 120 S., Format DIN A5, br
ISBN 3-8080-0513-0, Bestell-Nr. 1217, € 11,80

Anette Bertrand / Elke Stratmann
Basales Theater im Unterricht
Schüler mit schweren Behinderungen stehen im Rampenlicht
◆ 2002, 72 S., Format DIN A5, br
ISBN 3-8080-0507-6, Bestell-Nr. 1197, € 12,80

Insoo Kim Berg / Susan Kelly
Kinderschutz und Lösungsorientierung
Erfahrungen aus der Praxis – Training für den Alltag
◆ 2001, 416 S., Format DIN A5, fester Einband
ISBN 3-8080-0470-3, Bestell-Nr. 4322, € 24,60

Agnes Ebhardt
Fröhliche Wege aus der Dyskalkulie
Kindern mit Rechenschwäche erfolgreich helfen
◆ 2002, 72 S., Format DIN A5, Ringbindung
ISBN 3-8080-0508-4, Bestell-Nr. 1198, € 15,30

Kerstin Gebauer
Werken mit mehrfach behinderten SchülerInnen
Werktechnische Bildung unter förderpädagogischem Aspekt
◆ 2002, 56 S., farbige Fotos, Format 16x23cm, br
ISBN 3-8080-0496-7, Bestell-Nr. 3637, € 10,20

Jürgen Hargens
Erfolgreich führen und leiten – das will ich auch können
Ein systematisches un(d)systematisches Brevier
◆ 2001, 80 S., Format 11,5x18,5cm, fester Einband,
ISBN 3-86145-228-6, Bestell-Nr. 8318, € 9,60

Monika Köhnen / Erika Roos
Nichtsprechende Kinder reden mit
Unterstützte Kommunikation im Unterricht
◆ 2002, 144 S., Format 16x23cm, br,
ISBN 3-8080-0487-8, Bestell-Nr. 3636, € 15,30

Albert Müller
Therapeutisches Trampolinspringen
„Nur Fliegen ist schöner"
◆ Juni 2002, 220 S., Format 16x23cm, Ringbindung,
ISBN 3-8080-0514-9, Bestell-Nr. 1152, € 19,50

Anke Nienkerke-Springer / Wolfgang Beudels
Komm, wir spielen Sprache
Handbuch zur psychomotorischen Förderung von Sprache und Stimme
◆ 2001, 256 S., farb. Fotos, Format 16x23cm, fester Einband,
ISBN 3-86145-208-1, Bestell-Nr. 8133, € 22,50

Wir bringen Lernen in Bewegung ...

Gudrun Perovic-Kniesel
Musik für Bewegungsspiele 2
◆ 2002, 51 Min., CD mit Booklet (40 S.), im Schuber, ISBN 3-8080-0492-4,
Bestell-Nr. 7111, € 15,30

Monika Pigorsch / Bitten Kleeberg / Nadine Sohn
RückSchau-Arbeit
Übungen mit dementiell veränderten Menschen
◆ 2002, 116 S., Format DIN A5, Ringbindung
ISBN 3-8080-0503-3, Bestell-Nr. 1043, € 15,30

Gottlob Rieck
ABC zum Anmalen
◆ 2002, 68 S., Format DIN A4, Ringbindung
ISBN 3-86145-230-8, Bestell-Nr. 8564, € 15,30

Gottlob Rieck
Lustige ABC-Geschichten
Einfache Lesetexte
◆ 2002, 56 S., Format DIN A4, Ringbindung
ISBN 3-86145-231-6, Bestell-Nr. 8565, € 15,30

Silke Schönrade / Hans Jürgen Beins / Rudolf Lensing-Conrady (Hrsg.)
Kindheit ans Netz?
Was Psychomotorik in einer Informationsgesellschaft leisten kann
◆ 2002, 280 S., Format 16x23cm, fester Einband
ISBN 3-86145-219-7, Bestell-Nr. 8314, € 21,50

Silke Schönrade
Kinderräume – KinderTräume
... oder wie Raumgestaltung im Kindergarten sinnvoll ist
◆ 2001, 200 S., Format 17x24cm, fester Einband
ISBN 3-86145-181-6, Bestell-Nr. 8303, € 22,50

Dorothee Venohr
Integrative Montessori-Pädagogik
Praktische Anregungen für die Arbeit mit Kindern
◆ 2002, 168 S., viele Abb., Format 16x23cm, br
ISBN 3-8080-0474-6, Bestell-Nr. 1149, € 21,50

Manfred Vogt-Hillmann / Wolfgang Burr (Hrsg.)
Lösungen im Jugendstil
Systemisch-lösungsorientierte Kreative Kinder- und Jugendlichentherapie
◆ 2002, 424 S., Format DIN A5, fester Einband
ISBN 3-86145-226-X, Bestell-Nr. 8316, € 21,50

verlag modernes lernen *borgmann publishing*
Hohe Straße 39 • D-44139 Dortmund • Tel. (0231) 12 80 08 • FAX (0231) 12 56 40
Unsere Bücher im Internet: www.verlag-modernes-lernen.de